Les Ententes Internationales

POUR LA

Répression des fraudes Fiscales

PAR

ROGER GUÉRIN

DOCTEUR EN DROIT

PARIS (6e)

V. GIARD ET E. BRIÈRE

LIBRAIRES-ÉDITEURS

16, RUE SOUFFLOT ET 12, RUE TOULLIER

1910

DES

Ententes Internationales

POUR LA

Répression des fraudes Fiscales

PAR

ROGER GUÉRIN

DOCTEUR EN DROIT

PARIS (5ᵉ)

V. GIARD ET E. BRIÈRE

LIBRAIRES-ÉDITEURS

16, RUE SOUFFLOT ET 12, RUE TOULLIER

1910

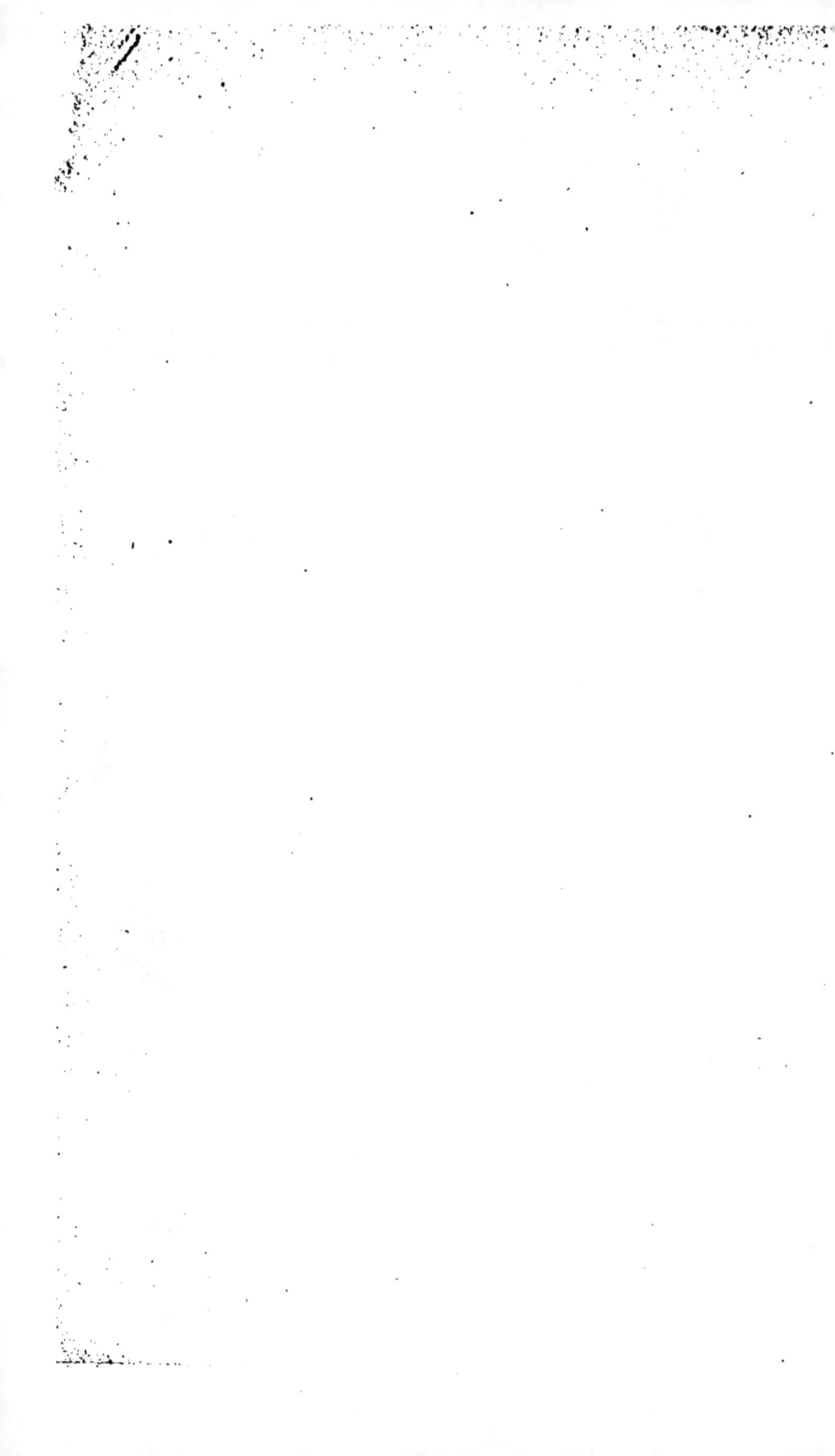

Des Ententes Internationales

POUR LA

Répression des fraudes fiscales

INTRODUCTION

L'exposé des motifs du Projet de loi, portant fixation du Budget général des recettes et des dépenses de l'exercice 1910, présenté à la Chambre des députés française par M. Caillaux ministre des Finances, débute ainsi :

« Les budgets de la plupart des grands pays du monde ploient sous la charge des dépenses publiques. En Allemagne, en Autriche, en Russie, en Italie, aux États-Unis, même en Angleterre, l'équilibre entre les recettes et les dépenses est rompu. La tâche des ministres des finances devient chaque année plus ardue, et ils ne peuvent résoudre le problème budgétaire qu'en sollicitant des augmentations d'impôts parfois considérables. »

Guériu　　　　　　　　　　　　　　1

La portée d'une telle remarque s'accroît d'autant plus
que, placée par le Ministre des Finances au frontispice
de son Budget, elle cherche à excuser le chiffre formi-
dable auquel aboutit ce dernier. Si l'on se reporte aux
éléments statistiques, on peut en effet se convaincre aisément qu'en ce qui concerne la France l'accroissement
continu des dépenses a été particulièrement sensible
dans ces dernières années (1).

Dans la période s'écoulant depuis 1893 jusqu'en 1910,
soit dix-huit ans, les crédits ouverts par le budget primitif sont passés de 3.291 millions à 4.051 millions, soit une
augmentation totale de 760 millions et un accroissement
annuel de plus de 42 millions ; et dans la période s'écoulant depuis 1893 jusqu'en 1908 (situation provisoire de
l'exercice), soit seize ans, le total des crédits fixés d'a-
près les lois de règlement s'est élevé de 3.379 millions
à 4.101 millions, soit une augmentation totale de 722
millions et un accroissement annuel de plus de 45 millions.

Cependant dans cet intervalle la paix politique n'a
été troublée que par quelques expéditions coloniales sans
grande envergure ; des conversions heureuses ont dimi-
nué la dette d'environ 102 millions ; les dépenses de
l'Algérie ont été détachées du budget général, et quelques réformes, de moindre importance au point de vue

:. Voir annexe I.

financier, telles que la loi de séparation de l'Eglise et de
l'Etat, ont entraîné une diminution assez notable des dépenses (1).

. Mais de nouvelles nécessités budgétaires se sont par
contre fait sentir. La nation a dû consentir encore des
sacrifices pour maintenir son armée et sa marine dans
un état d'égalité relative vis-à-vis des puissances avec
lesquelles les hasards de la politique pouvaient l'amener
à se trouver en contact. L'amélioration de l'outillage
national a été poussée plus avant pour permettre à la
France de lutter sur le terrain économique avec ses
concurrents mondiaux. L'instruction publique a été
développée. L'Etat a vu accroître et diversifier ses fonctions pour répondre au besoin d'intervention que pré-
conisaient les classes dirigeantes. Enfin des réformes
sociales remarquables ont été entreprises dans un but
supérieur d'humanité et de solidarité : le droit à l'assistance est entré dans le domaine de la pratique avec
les lois d'assistance médicale gratuite et d'assistance aux
vieillards, incurables ou infirmes : les retraites ouvrières
ont été ébauchées.

No possédant pas vis-à-vis de ses collègues dans l'é-
tablissement du budget des dépenses une prépondérance
marquée reconnue par la Constitution ou par les traditions du pays, le Ministre des Finances ne peut en géné-

---

1. Voir l'*Economiste français*, du 18 mai 1907.

ral obtenir les économies, que seuls les autres chefs des départements ministériels sont à même de présenter efficacement.

Au moment du vote du Budget, le Parlement se trouve donc en présence d'une diminution minime ou factice de quelques crédits budgétaires d'une part, d'une augmentation constante et quelquefois considérable de certains chapitres des dépenses d'autre part.

Désireux de ne recourir à l'emprunt que pour subvenir à des charges extraordinaires, se résignant difficilement à faire appel encore à des revenus de monopole, le pouvoir législatif et le Ministre des finances qu'il autorise ont été naturellement amenés à chercher l'équilibre budgétaire dans une création d'impôts ou dans une augmentation de rendement des impôts existants.

Si la législation fiscale de ces dernières années a été dans ce but particulièrement nombreuse, on ne peut pas dire pour cela que ses résultats en France aient été véritablement féconds. Les quelques lacunes réelles de la taxation n'ont pas été comblées. L'effort du législateur s'est plutôt porté vers une refonte du système antérieur, accompagnée le plus souvent d'un relèvement des droits exigés, vers une adaptation plus intime de l'impôt à la matière imposable. Son but a été de fournir des moyens de contrôle aux agents chargés de l'assiette, de donner des armes à ceux chargés du recouvrement, en un mot de boucher les fissures qui pouvaient se présenter dans la taxation. Obéissant peut être au secret espoir d'éviter ainsi de nouvelles créations impopulaires d'impôts, le Parlement et le Ministre des finances ont estimé en effet devoir obtenir du système fiscal en vigueur un rendement beaucoup plus important et parvenir ainsi à l'équilibre budgétaire recherché.

Les Ententes Internationales pour la répression des fraudes en matière d'impôts sont précisément un des moyens auxquels on a cru devoir recourir pendant ces toutes dernières années pour l'obtention de ce résultat.

LA FRAUDE FISCALE

QUE FAUT-IL ENTENDRE PAR FRAUDE FISCALE. — UTILITÉ *A PRIORI* D'ENTENTES INTERNATIONALES POUR CONTRIBUER A SA RÉPRESSION

Il est nécessaire de déterminer ce que l'on entend par fraude fiscale, avant d'entrer dans l'étude proprement dite des ententes internationales qui ont pu être conclues ou peuvent être projetées en France pour la réprimer. Tout système d'impôts présente en effet des fissures dont profite l'ingéniosité du contribuable, sans que l'on puisse pour cela lui en savoir mauvais gré. Le mot fraude emporte avec lui un sens péjoratif. Il convient donc de ne pas généraliser son emploi.

Si l'on excepte une conception anarchiste, dans laquelle tout individu se trouverait lésé par le seul fait d'une emprise quelconque de la Société organisée sur ses biens, on peut dire que tout le monde admet aujourd'hui la légitimité de l'impôt en général et de tel ou tel en particulier. Mais la difficulté commence lorsqu'il s'agit de savoir jusqu'à quel point chacun se considère comme obligé d'obtempérer aux exigences du fisc.

Au point de vue moral les contribuables en général et certains économistes en particulier approuvent très facilement l'usage fait des diverses fissures existant en matière d'impôts.

Lorsque les droits deviennent excessifs, M. Leroy-Beaulieu déclare à propos de l'impôt successoral actuel que : « Le contribuable lésé a, en stricte morale, le droit de chercher à échapper par la dissimulation, quand il en trouve le moyen, à ces spoliations » (1).

« Un impôt hautement progressif même entouré de toutes les formes légales n'est pas une loi qui oblige la conscience individuelle : le citoyen est placé, par des taxes de ce genre dans une situation de légitime défense, et il a le droit moral de recourir à tous les moyens pour détourner de lui la confiscation détournée et dissimulée dont on le menace (2). »

Mais ainsi que le fait remarquer M. Lescœur : « Qui fixera le point où les droits cessent d'être raisonnables, ou ils deviennent exorbitants ? Chacun tranchera la question dans son propre intérêt lorsqu'elle se posera, contre le fisc puisqu'elle est douteuse (3). »

Il est également difficile de motiver les distinctions

1. *Science des Finances*, I, p. 623, 7ᵉ édition, 1906.
2. *Science des Finances*, I, p. 246, 7ᵉ édition, 1905. « C'est aussi l'opinion de M. Kergall dans un article intitulé « Au voleur » paru dans la *Revue économique et financière* du 17 novembre 1906 ».
3. Ch. Lescœur, *Pourquoi et comment on fraude le fisc.*, 4ᵉ édition, p. 261, n° 234.

acceptées par certains théologiens moralistes entre les impôts justes et les impôts injustes, entre les impôts anciens et les impôts nouveaux. Il n'est pas de critérium plus instable que ce caractère de justice attribué ou non à une contribution ; si certains économistes remarquent qu'un impôt gagne à être ancien, ils ne veulent pas insinuer par là que l'obligation de le payer est en proportion directe de son ancienneté. Enfin n'est-il pas bien subtil (quoique malheureusement entré dans les mœurs) « d'attribuer un caractère purement pénal aux lois qui concernent les impôts indirects (1) ».

En réalité « aujourd'hui où l'impôt est librement voté par les représentants du pays, et où il est censé répondre à des besoins constatés, peut-on encore attribuer aux lois fiscales, à toutes ou à certaines d'entre elles, un caractère purement pénal (2) ? »

Une réponse négative est nécessaire. Tout impôt quel qu'il soit oblige moralement les individus qui, par leur situation ou par leurs actes, rentrent dans le domaine de son application.

A contrario certains exagèrent les pouvoirs qu'il convient d'accorder au fisc. Ce point de vue opposé est le suivant : Du moment que le législateur a entendu frapper telle ou telle matière imposable, n'envisageant du

---

1. Prunez. *Théologie morale*, I, p. 6. (Cité par M. Lescœur).
2. Ch. Lescœur. *Pourquoi et comment on fraude le fisc.*, 4e édition, p. 207, n 139.

reste que certaines hypothèses d'application et les
réglementant seules, l'obligation morale existe dans
tous les cas. Autrement dit celle-ci ne naît pas des dispositions arrêtées par le législateur, mais des intentions
de ce dernier. Il n'est donc pas loisible au contribuable
de profiter des lacunes de la taxation, du moment que
celles-ci n'ont pas été voulues par l'autorité chargée de
l'établir. C'est l'opinion qui s'est fait jour à la Chambre
des députés dans la bouche d'hommes très autori-
sés.

On parle de « la vile, basse, hypocrite et cupide
émigration des capitaux » de « nouvelle espèce de
vol ».

L'exposé des motifs du budget de 1910 met à côté de
l'intérêt du Trésor le souci de la moralité publique, lorsqu'il envisage les mesures à prendre contre l'évasion
fiscale. N'y lit-on pas d'ailleurs cette phrase à propos
de la pratique des dépôts à l'étranger dont on remarque la gravité : « Il n'est pas nécessaire d'insister sur
les dangers que présenterait une telle situation au
point de vue de l'économie du pays, ni de faire ressortir
l'iniquité des privilèges nouveaux que les classes aisées
parviendraient ainsi à couler dans le moule des privilèges d'ancien régime ».

Présentée de la sorte la question de la détermination
de la fraude est malaisée à résoudre. Les intérêts oppo-
sés entraînent les uns à excuser toujours l'usage qu'ils

font de toutes les fissures existant en matière d'impôts, les autres à insister sur sa gravité pour ne jamais l'admettre. Aussi faut il s'efforcer plutôt de déterminer les hypothèses dans lesquelles on se trouve en présence d'une fraude proprement dite.

Si l'on examine l'ensemble des lois fiscales en vigueur en France à l'époque actuelle, on voit que le législateur, tout en cherchant à taxer la richesse à tous les moments où il lui était possible de la saisir, a volontairement omis certaines de ses manifestations ou a été forcé de consentir à leur exemption. Le souci des traditions nationales explique la plupart du temps ces lacunes de l'imposition. Souvent aussi l'impossibilité de trouver une base légitime à la taxation en est une excuse (1).

En dehors de ces omissions le système fiscal français présente des fissures que l'on peut ranger sous deux chefs différents :

Tantôt les lois établissant l'impôt réglementent la plupart des hypothèses qu'elles ont entendu envisager, en oubliant certaines d'entre elles ;

Tantôt ces cas particuliers ont bien été visés par les

---

1. M. Stourm a pu dresser en matière d'impôts directs une liste des principales de ces exemptions : ce sont celles qui ont trait aux revenus des fonds d'états nationaux, aux traitements des fonctionnaires, aux intérêts des créances hypothécaires, aux bénéfices des fermiers, aux créances chirographaires, aux valeurs étrangères, enfin à tout ce qui peut être le produit d'une activité personnelle non classifiée, *Systèmes généraux d'impôts*, p. 206.

textes sans que des garanties suffisantes aient été données pour que leurs dispositions soient applicables.

En d'autres termes dans le premier cas la loi est
incomplète, dans le second elle est insuffisante. Là ce
sont des éventualités différentes qui ne sont pas envisagées, ici ce sont des moyens de contrôle et des pénalités
qui n'ont pas été prévues.

Il semble que l'on doive suspecter comme entaché de
fraude tout acte par lequel un contribuable se soustrait
à l'application d'une taxe déterminée, s'il se trouve
strictement dans les hypothèses de son application, alors
même que les agents chargés de l'établissement de l'impôt n'ont pas eu les éléments suffisants pour dresser les
titres de perception, ou que ceux chargés du recouvrement ne possèdent pas les moyens d'action nécessaires
pour mener à bien la tâche qui leur est confiée. On se
trouve en présence d'une obligation sinon pénale du
moins morale. Il y a fraude proprement dite.

Il semble au contraire que le contribuable doive bénéficier de toutes les omissions même involontaires du
législateur, lorsque celles-ci ont trait à des hypothèses
d'application qui n'ont pas été prévues, à condition
toutefois qu'une disposition expresse ne vienne pas les
assimiler à celles qui s'en rapprochent le plus. C'est au
pouvoir législatif qu'il appartient de combler les lacunes
qu'il n'a pas pu manquer de laisser échapper dans son
œuvre, et s'il a oublié de taxer par exemple telle caté

gorie de revenus, il ne peut s'en prendre qu'à lui-même.
Le contribuable avisé qui sait profiter de ses erreurs
n'est pas un fraudeur ; tout au plus peut-on ranger sous
l'acception générale d'évasion fiscale les effets fâcheux
d'un tel oubli.

Il est difficile de dresser la nomenclature des fraudes
usitées le plus souvent à l'époque actuelle en matière
d'impôts. Elles revêtent suivant chacun d'eux des formes
excessivement variées. S'agit-il de contributions directes ou indirectes, de droits d'enregistrement, de douanes ou de monopoles, l'ingéniosité du contribuable se
fait jour à tout moment. Chaque progrès du fisc dans
l'art de la taxation dévoile après lui des lacunes dont
les intéressés ne tardent pas à profiter.

D'autre part l'accroissement des tarifs dans le but
d'obtenir un rendement plus important est une prime
nouvelle pour celui qui cherche à se soustraire à l'application de la loi.

Cependant parmi les impôts il en est quelques-uns à
propos desquels la fraude est considérée comme beaucoup plus grave et partant plus répréhensible.

Ce sont en premier lieu tous ceux établis sur les différentes sortes de revenus : contribution foncière (propriétés bâties et non bâties), redevances des mines,
taxe des biens de main-morte, impôt sur les portes et
fenêtres, contribution personnelle-mobilière, patentes,
impôt sur le revenu des valeurs mobilières. Ce sont

ensuite ceux qui ont pour but de frapper la transmission entre vifs ou à cause de mort des biens meubles ou immeubles.

Bien que, relativement au total des impôts recouvrés annuellement en France, ceux qui viennent d'être énumérés ne représentent qu'une minorité quant à leur rendement, le législateur exige d'une façon plus stricte leur recouvrement. Aussi cherche-t-il en ce qui les concerne à poursuivre la fraude le mieux possible. Cela tient sans doute à ce que la tendance politique conduit les chambres à demander un effort pécuniaire beaucoup plus grand aux classes fortunées sur lesquelles ces impôts pèsent principalement ; cela tient aussi à ce que les procédés employés pour frustrer le fisc sont ici plus variés que partout ailleurs, et la perte pour le Trésor très sensible.

D'une façon générale d'ailleurs, la fraude en matière d'impôts se pratique de deux façons différentes :

Tantôt, à l'intérieur du pays, le contribuable cherche à dissimuler tout ou partie des éléments servant de base à l'imposition : par exemple de ses revenus ou des actes qui ont pour but d'augmenter, de diminuer ou de modifier la composition de son patrimoine ;

Tantôt il s'efforce d'échapper aux exigences de l'État en sortant des limites où son autorité s'exerce, en s'extériorisant pour ainsi dire.

Le fisc, très bien armé dans le premier cas par les dis-

positions édictées par le pouvoir législatif, l'est beaucoup moins dans le second. Il peut à la rigueur trouver
aisément les traces des dissimulations les plus coutu-
mières à l'intérieur du pays, en suivant au moins annuellement la situation des biens meubles et immeubles,
les modifications survenues dans les états de propriété,
en surveillant l'évolution des fortunes, en exigeant des
contribuables et des officiers publics des déclarations
dont il s'efforcera ensuite de contrôler l'exactitude... Il
lui est par contre impossible d'exercer ses pouvoirs en
dehors des frontières nationales : comment espérer en
effet que le contribuable consentira à payer une contribution, alors que le fisc n'aura pour l'exiger d'autres
éléments que ceux fournis par la personne taxée elle-
même. Sans doute des mesures draconiennes pourront
être prises : il sera possible de défendre aux citoyens de
posséder à l'étranger des immeubles ou des valeurs
mobilières, d'en acheter, d'en vendre, d'en toucher les
revenus. Mais quel contrôle peut-on établir ?

Une seule garantie est possible, aussi le législateur a-
t-il été amené très logiquement à l'envisager. C'est celle
qui pourrait résulter d'une entente avec les pays étrangers. Suppose-t-on en effet les pouvoirs du fisc étendus
en dehors des limites nationales, ou plutôt les administrations fiscales se prêtant un mutuel concours, la fraude
devient presque impossible non seulement à l'intérieur
du pays mais à l'extérieur.

Il ne faut donc pas s'étonner que l'on ait pu chercher à conclure de pareils arrangements. Ils sont l'a-
boutissant inévitable des efforts du fisc pour diminuer
la fraude en matière d'impôts.

Les explications qui précèdent ont uniquement pour
but de montrer très succinctement le processus de leur
conception. Elles tendent également à limiter l'étude
entreprise. On pourrait imaginer en effet une entente
générale entre les divers pays du monde tendant à
créer une sorte d' « Union fiscale universelle ». Che-
min faisant on remarquera que les bases en ont peut-
être été jetées.

C'est cependant des ententes internationales qui ont
pu être proposées ou conclues en France pour la répression des fraudes en matière d'impôts qu'il sera uniquement question : en donnant d'une part à ce mot fraude
le sens restreint qui lui fut attribué précédemment, en
envisageant surtout d'autre part les seuls impôts au
strict recouvrement desquels, le législateur semblant
porter plus d'intérêt, ces ententes paraissent devoir
contribuer. Les conclusions qui seront tirées de cette
étude pourront s'appliquer d'ailleurs à l'ensemble de
la taxation en général.

Livre Premier

Les Ententes Internationales pour la répression des fraudes fiscales en vigueur en France à l'époque actuelle.

Deux Ententes Internationales pour la répression des fraudes fiscales sont en vigueur en France à l'époque actuelle :

La première, chronologiquement, est la « Convention conclue à Lille le 12 août 1843 pour régler les relations des administrations de l'Enregistrement de France et de Belgique ».

La seconde est l' « Arrangement signé à Londres le 15 novembre 1907 entre la France et le Royaume-Uni de la Grande-Bretagne et d'Irlande en vue d'empêcher autant que possible la fraude dans les cas de droits de succession ».

Bien que les conditions dans lesquelles ces deux conventions ont été conclues soient assez différentes, il n'en est pas moins vrai qu'elles concourent toutes deux à empêcher dans une certaine mesure la fraude fiscale.

Guérin   2

Elles sont d'ailleurs les seules qui en France actuellement répondent à ce but.

Les ententes consulaires, qui autorisent et même rendent obligatoire en pays étranger l'intervention des consuls ou agents diplomatiques à l'occasion de certains actes importants accomplis par leurs compatriotes, permettront peut-être dans l'avenir, après revision de leurs bases actuelles, de fournir à l'administration fiscale dont ils ressortissent des renseignements utiles à la perception de l'impôt. Elles n'ont pas cette portée pour le moment.

Il convient en outre de remarquer que les efforts tentés dans ces dernières années pour étendre le système dont la Convention franco-anglaise est la première expérience, n'ont abouti encore à aucun résultat. Des démentis successifs se sont en effet élevés à cet égard en Espagne, en Italie (1), en Suisse (2).

Il a été reconnu du reste que l'heure n'était pas favorable « pour obtenir du consentement de tous les grands Etats une législation répressive des fraudes fiscales (3) ».

---

1. Voir Lescœur, p. 123.

2. Ainsi qu'il résulte d'une lettre adressée par M. Comtesse, conseiller fédéral, chef du département des Finances de la République Helvétique à la *Gazette de Lausanne* qui l'a publiée le 22 juillet 1907.

3. Rapport présenté le 18 novembre 1908 au nom de la Commission de législation fiscale par M. Charles Dumont, député. Rapport n° 2115, p. 9.

L'examen des Conventions franco-belge et franco-anglaise fera donc l'objet de la première partie de cette étude, dans laquelle on envisagera successivement les motifs qui ont présidé à la conclusion de ces ententes, leur légalité, leur contenu. Les conclusions qu'on en tirera et les critiques qui pourront être formulées conduiront à la deuxième partie, qui traitera particulièrement des conditions générales auxquelles semblent devoir obéir dans l'avenir des ententes de ce genre.

CHAPITRE PREMIER

MOTIFS QUI ONT PRÉSIDÉ À LA CONCLUSION DES CONVENTIONS FRANCO-BELGE ET FRANCO-ANGLAISE.

Les circonstances, dans lesquelles la Convention franco-belge du 12 août 1843 d'une part et la Convention franco anglaise du 15 novembre 1907 d'autre part ont été conclues, diffèrent quelque peu. Il est donc nécessaire d'indiquer brièvement les considérations générales qui semblent avoir présidé à leur établissement.

La Convention franco-belge fait partie d'un groupe de trois ententes qui furent signées par la Belgique à peu près à la même époque avec les pays l'avoisinant, c'est-à-dire avec les Pays-Bas le 12 octobre 1839 (1), avec la France le 12 août 1843 et avec le Grand Duché de Luxembourg le 11 octobre 1845 (2).

Les préliminaires de la Convention franco-belge dévoilent assez bien les motifs qui ont inspiré les gouvernements des deux puissances intéressées au moment

1. Garcia de la Véga, t. I, p. 194.
2. Garcia de la Véga, t. I, p. 442.

de la conclusion de cet accord : « M. le Ministre Secrétaire d'Etat au département des finances du royaume
de France et M. le Ministre au département des finances du royaume de Belgique, désirant régulariser les
relations officieuses qui se sont établies entre les employés de tous grades des deux royaumes, lesquelles
ont pour objet la transmission des extraits d'enregistrement d'actes, de déclarations de mutations, de relevés
de propriétaires et des états de décès pouvant intéresser
le Trésor public de l'un ou l'autre pays... »

Cette Convention semble donc n'être que la consécra-
tion d'un état de choses antérieur, dont les origines re-
montent à l'époque où les deux pays étaient placés sous
l'autorité d'un même gouvernement. En 1843, la loi du
22 Frimaire an VII étant applicable à peu près identique-
ment en France comme en Belgique, le souci d'assurer
le bon fonctionnement des services qui leur étaient con-
fiés, conduisit, sans doute, les agents des administrations de l'Enregistrement à opérer individuellement
comme par le passé la transmission des renseignements
dont ils reconnaissaient l'utilité. Une mesure d'un caractère officiel était nécessaire pour donner aux renvois et
communications de pays à pays la portée juridique que
possédaient ceux opérés à l'intérieur de chacun d'eux.
Le désir de diminuer la fraude en matière de droits
perçus par l'administration de l'Enregistrement ne fut
donc qu'un motif indirect de la conclusion de cet accord. Il

eut principalement pour objet d'établir la régularité et
la légitimité des moyens d'investigation employés et ne
fut nullement présenté comme un instrument de lutte
fiscale. Tel est le sens d'ailleurs des déclarations faites
par M. Liebaert, ministre des Finances de Belgique à la
suite des questions qui lui étaient posées par MM. Le-
paigé et Wœste, le 26 juillet 1907.

Il en est tout différemment en ce qui concerne la Con
vention franco-anglaise du 15 novembre 1907. C'est à
la conclusion d'un accord de ce genre que faisait allusion
M. Caillaux, lorsque montant à la tribune pour défendre
le projet de loi concernant l'impôt sur le revenu il disait :
« Je n'ai pas l'habitude de crier très haut mes projets qui
sont ceux du gouvernement, ni les négociations que je
puis conduire ; mais j'engage ceux de mes compatriotes
qui partiraient d'un pied léger avec leurs titres sous le
bras pour la Suisse ou pour la Belgique à n'être pas trop
étonnés si dans quelque temps ils avaient une petite
surprise. Dans tous les cas je puis leur dire avec certi-
tude que la réalisation d'accords de ce genre n'est qu'une
question de temps. Ils aboutiront forcément quelque
jour » (1).

C'était l'époque où, sous la menace d'une taxation
fondée sur des bases nouvelles, un véritable exode des
capitaux se faisait sentir, qui n'était pas sans inquiéter

_____

1. *Journal officiel*. Chambre des Députés. Séance du 1ᵉʳ juillet 1907,
p. 1834.

sérieusement le ministre des Finances qui proposait
l'impôt sur le revenu et les membres du Parlement qui
le soutenaient. C'était l'époque également où les banques étrangères cherchaient le mieux à exploiter le
sentiment de malaise qu'éprouvaient les capitalistes
français, en essayant par une habile réclame d'attirer
leurs dépôts.

Il pouvait sembler utile de prévenir les contribuables des dangers d'une telle tactique, en leur dévoilant
l'incertitude des obligations qui pourraient leur être
imposées à l'étranger, en leur enlevant aussi l'espoir
d'échapper par ce moyen aux exigences de la nouvelle
taxation.

Les milieux financiers ne furent donc pas étonnés de
lire quelques mois après le communiqué suivant d'une
agence d'information :

« On nous apprend qu'il vient d'être conclu entre la
France et une grande nation voisine un accord concernant la repression des fraudes fiscales en matière de
valeurs mobilières. Les mesures adoptées sont de nature
à donner les plus sérieuses garanties pour la perception des droits de succession et au besoin de l'impôt sur
le revenu » (1).

Ce qui surprit beaucoup plus ce fut d'apprendre que
le pays avec lequel cette entente avait été conclue était

---

1. *Agence Havas*, 13 décembre 1907.

l'Angleterre. L'attachement proverbial de la nation britannique à ses coutumes et à ses mœurs politiques, son
indépendance absolue semblaient l'écarter plus que
toute autre de l'acceptation d'un semblable arrangement. « Quand on parlait des négociations engagées
par les traqueurs de capitaux on répondait : « Eh bien !
et l'Angleterre, le lieu d'asile traditionnel des pros-
crits ? » (1).

La publication de l'accord franco-anglais fut donc
accueillie avec une curiosité inquiète, et l'on vit bientôt
que, si sa portée était en somme plus limitée qu'on ne
l'avait pensé tout d'abord, il avait bien été voulu cependant comme un instrument plus perfectionné de défense
fiscale.

En France les projets ou propositions de lois tendant
à créer un envoi en possession spécial ou à accorder à
l'administration la faculté de déférer le serment aux
héritiers furent d'ailleurs de nouvelles manifestations de
la même idée.

En Angleterre un article du Times en date du 14 décembre 1907 appréciait ainsi la convention du 15 novembre : « L'importance essentielle de cet accord réside en
ce qu'il constitue le premier pas d'une politique interna-
nale tendant à unir les divers Etats du monde pour la

1. Kergall. *Revue économique et financière* du 17 novembre 1906 cité
par Lescœur, p. 128, note 2.

répression de la fraude en matière fiscale, de même qu'il existe déjà des unions du même genre pour la défense de la propriété privée » (1).

_____

1. Voir, *Annuaire de la législation française*, Note de M. Jobit.

CHAPITRE II

VALIDITÉ DES CONVENTIONS

La Convention du 12 août 1843 et l'Arrangement du 15 novembre 1907 soulèvent l'une et l'autre préalablement une question de forme. Des doutes se sont élevés en effet sur leur validité juridique. Il convient donc d'examiner si le gouvernement français a bien observé, en ce qui les concerne, les règles qui lui étaient imposées par la Constitution.

La Convention franco-belge est revêtue des signatures des deux agents de l'administration de l'enregistrement (1) qui, en qualité de commissaires, avaient reçu pouvoirs de leurs ministres des finances respectifs, de dresser le texte de l'entente. Quelques « changements de pure forme » furent apportés aux articles dont étaient convenus les mandataires, ainsi qu'il résulte de la correspondance échangée entre M. de Rumigny ambassadeur de France à Bruxelles et le cabinet belge (2).

---

1. M. Claude Marie Vialla, directeur de l'enregistrement et des domaines du département du Nord, et M. Jean-Henry-Joseph Dauby inspecteur général de l'administration de l'enregistrement des domaines et forêts à Bruxelles.

2. Dépêches du 27 février 1844 et du 5 avril 1844.

L'Instruction de la Régie du 26 août 1844, qui vint quelque temps après expliquer le fonctionnement de cette convention, semble indiquer qu'après le retard incombant aux modifications apportées au texte de l'entente celle-ci fut approuvée par les deux gouvernements. Il eût été préférable de dire : par les ministres intéressés, car il résulte des déclarations de la Régie elle-même qu'elle ne fut ratifiée ni par une loi ni par une ordonnance (1).

Une loi n'était évidemment pas nécessaire pour permettre la mise en application de la Convention du 12 août 1843 : la Charte française du 14 août 1830 (art. 13) comme la Constitution Belge du 7 février 1831 donnant à leurs monarques respectifs des pouvoirs souverains à cet effet. Mais par contre n'impliquaient-elles pas pour ces derniers l'obligation d'apposer leurs signatures ?

La réponse à cette question dépend en quelque sorte de la qualification attribuée à la Convention de 1843. Si celle-ci est assimilée à un traité, il n'est pas douteux qu'en Belgique comme en France le roi ne fût obligé de la sanctionner. Mais une entente « ayant simplement pour objet d'organiser un service réciproque de renseignements entre les deux pays peut-elle être considérée comme un traité (2) ? ». Le tribunal d'Avesnes dans un jugement du 3 juillet 1858 ne l'a pas pensé.

---

1. Voir aussi de Clercq. (Opinion reportée à la fin de l'Annexe II).
2. M. Albert Wahl dans la *Revue de Droit International Privé et de Droit Pénal International*, 1908, p. 59.

L'administration de l'enregistrement partage cet avis
pour des motifs très différents d'ailleurs : l'un recher-
chant le moyen de restreindre les effets juridiques de
la Convention, l'autre évitant ainsi toute discussion au
sujet de sa légalité. Cependant, conformément à l'opinion exprimée par M. Albert Wahl, du moment qu'il y
a engagement réciproque entre deux pays, c'est-à-dire
convention synallagmatique, il y a traité. « L'engagement sans doute ne consiste ni à doter les citoyens de
chaque nation de droits sur le territoire de l'autre, ni à
imposer une perte matérielle aux deux nations, ni à les
empêcher de faire un gain, mais il met à leur charge des
obligations positives et cela suffit pour qu'il y ait traité. »

En ce qui concerne la Belgique, la Convention du
12 août 1843 ne paraît donc pas avoir été faite dans les
formes légales (1). Pour la France il peut y avoir encore
sujet à controverse, l'article 13 de la charte de 1830 disant uniquement : « Le roi... fait les traités de paix,
d'alliance et de commerce ». Convient-il de comprendre
ces termes dans le sens le plus strict, ou convient-il de
n'y voir que l'erreur d'une rédaction inspirée par les
précédents ? C'est l'opinion de M. Wahl appuyée forte-
ment sur la considération de l'esprit qui a inspiré la
constitution. On ne doit pas voir dans l'article 13 une
restriction aux pouvoirs du Roi, mais au contraire une
extension de ses prérogatives à des hypothèses ou pré-

---

1. Voir *Economiste français* du 27 juillet 1907.

cédemment (1) l'autorisation du législateur était nécessaire.

Quoi qu'il en soit d'ailleurs la Convention du 12 août
1843 es; appliquée ; elle a donné lieu à des interpré-
tations judiciaires et il est probable que son illégalité ne
sera jamais admise par la jurisprudence en cas de contestation.

La validité de la Convention franco-anglaise est
moins douteuse.

Se basant sur l'article 8 de la loi constitutionnelle du
16 juillet 1875 d'après lequel « les traités qui engagent
les finances de l'Etat, ceux qui sont relatifs à l'état des
personnes et au droit de propriété des Français à l'é-
tranger ne sont définitifs qu'après avoir été votés par
les deux Chambres » on pourrait soutenir à la rigueur
que la Convention du 15 novembre 1907, engageant les
finances de l'Etat ou touchant au droit de propriété des
Français à l'étranger, nécessitait l'intervention du pouvoir législatif.

Une semblable opinion ne saurait être admise. Le
fait de contribuer à la perception régulière d'un impôt,
en restreignant les cas ou la fraude peut s'exercer, inté-
resse sans doute les finances de l'Etat mais ne les engage
pas « puisqu'elle n'est de nature à causer aucune dépense
à l'Etat et au contraire a pour objet de lui assurer des

---

1. Constitution du 22 frimaire an VIII.

ressources » (1). De même le droit de propriété des
Français à l'étranger n'est nullement atteint par un
traité faisant connaître au fisc les biens possédés en
dehors des limites où sa surveillance s'exerçait précédemment. « La convention n'apporte aucune entrave
à l'exercice du droit de propriété (2). »

La légalité de l'Arrangement du 15 novembre 1907
ne saurait donc à cet égard être suspectée. Une critique
seule peut être valablement soulevée. L'Arrangement
du 15 novembre 1907 n'a été signé que par les représentants des deux gouvernements (3), et la ratification
du Président de la République est survenue seulement
sous la forme d'un décret autorisant la mise en exécution
de la convention en France. Or l'article 8 de la loi
constitutionnelle du 16 juillet 1875 déclare que « le Président de la République négocie et ratifie les traités ».
Ce n'est pas ce qui eut lieu évidemment, les ratifications
ayant été échangées à Londres le 9 décembre 1907.
« Comme il est de principe qu'un chef d'Etat ne peut
déléguer les droits que lui accorde la constitution » on
peut donc très justement prétendre que la Convention
du 15 novembre 1907 n'a pas été établie régulièrement
dans la forme.

Bien qu'elle n'ait jusqu'à présent donné lieu à aucune

---

1. M. Wahl, op. cit.
2. M. Wahl, id.
3. M. Cambon et Sir E. Grey.

interprétation judiciaire et que les effets de son application commencent seulement à se faire sentir à l'heure
actuelle, les observations qui viennent d'être présentées
ne paraissent pas de nature à la faire considérer par la
jurisprudence comme inapplicable parce qu'illégale.

Il semble donc que l'on doive admettre la validité des
deux conventions franco-belge et franco-anglaise, bien
qu'à un degré différent leur forme soit irrégulière.

Il en résulte que l'administration est fondée à arguer de
l'existence de ces conventions pour démontrer, lors d'une
contestation, qu'elle est en droit de se baser sur les renseignements qui lui sont transmis. Les parties contractantes se sont bornées à prévoir la nécessité de légalisations ou certifications supplémentaires en cas d'instance.
C'est ainsi que dans la Convention franco-anglaise, article 3 il est dit : « lorsque l'un des deux gouvernements
le jugera nécessaire, ces extraits seront revêtus sur sa
demande et sans frais de certifications et légalisations
de signatures exigées par la procédure en usage dans
son pays ». Ces formalités auront pour but, dit l'instruction de 1907, de garantir l'authenticité des renseignements transmis.

La Convention de 1843 ne prévoyant pas de semblables légalisations, les copies d'actes certifiées par un
préposé dans l'un des deux pays ont donc un caractère
authentique dans l'autre pays. « Cela est assez singu-
lier, dit M. Wahl, puisqu'en France même et en Belgique la copie faite par un préposé d'un acte authenti-

que ou sous seing privé ne fait pas preuve devant les
tribunaux de son propre pays. » Les formalités de l'article 56 de la loi du 12 frimaire an VII sont donc écartées,

« Au surplus en fait la question est sans importance
car on sait que la jurisprudence autorise l'administration de l'Enregistrement à invoquer à titre de présomption tous les faits ou actes qui ne sont pas légalement
opposables aux parties et qui sont de nature à établir
l'exigibilité des droits (1). »

---

1. M. Wahl, *op. cit.*

CHAPITRE III

LA CONVENTION DU 12 AOUT 1843 ET L'INSTRUCTION DU 23 AOUT 1844

La « Convention conclue à Lille le 12 août 1843 pour régler les relations des administrations de l'enregistrement de France et de Belgique » a fait l'objet en France d'une Instruction de la régie « relative à la transmission réciproque des pièces et des documents qui intéressent le service » Instruction n° 1716 en date du 26 août 1844 qui a pour but d'expliquer aux préposés chargés de ' appliquer le fonctionnement de cette entente.

Il convient donc d'examiner corrélativement la Convention et l'Instruction qui en assure l'application (1).

L'article 1 de la Convention porte qu' « il y aura, entre les receveurs de l'enregistrement et des domaines, échange de tous les documents et renseignements pouvant aider à la perception complète et régulière des droits établis par les lois qui régissent les deux pays, ou se rattachant aux intérêts domaniaux leur afférant réciproquement ».

---

1. V. Annexes II et III.

L'article 2 dresse une nomenclature des principaux cas d'application de la Convention ;

« On renverra notamment... »

1° ... Généralement les copies des enregistrements de tous les contrats translatifs ou attributifs de propriété, d'usufruit ou de jouissance des biens immeubles situés, en tout ou en partie, dans l'étendue du royaume étranger à celui où le contrat a été reçu ou enregistré (y compris les partages) ;

2° Tous actes judiciaires ou extra-judiciaires contenant cession d'immeubles à titre onéreux ou gratuit, ou pouvant mettre sur la trace des mutations verbales ou sous seing privé d'immeubles placés dans les mêmes conditions de situation ;

3° Les contrats de mariage (lorsque les biens donnés ou constitués sont situés dans le royaume étranger à celui où le contrat a été reçu ou enregistré) ; les testaments, lorsque l'acte a été enregistré ou passé dans l'un des deux royaumes et que le testateur habite l'autre royaume, ou qu'il dispose de biens qui y sont situés ; enfin toute disposition éventuelle, ou tout acte soumis à l'événement du décès qui, passé ou enregistré dans un royaume, aurait pour objet des propriétés immobilières situées dans l'autre ;

4° Les copies des déclarations de successions (dans certaines conditions) ;

5° Les extraits des notices de décès lorsque le défunt

est mort dans un royaume autre que celui où il avait
élu domicile, ou lorsque, bien que domicilié dans le pays
où il est décédé, il sera reconnu ou réputé avoir possédé
à l'époque de son décès des propriétés mobilières ou
immobilières dans l'étendue de l'autre pays ;

6° Les extraits des inventaires faits après décès dans
un royaume, lorsque ces actes analyseront des titres de
propriétés mobilières ou immobilières possédées par le
défunt dans l'étendue de l'autre royaume ;

7°... des ventes publiques de meubles, d'arbres et ré-
coltes après décès, lorsque ces ventes sont faites hors du
royaume de la situation des biens ;

8° et 9° Les actes constitutifs des rentes et créances et
les inscriptions hypothécaires (dans le cas où une différence de situation analogue serait remarquée).

Pour donner une base première à l'échange de ces
renseignements pouvant intéresser les administrations
fiscales, l'article 3 dispose que « pendant le premier
semestre de 1844 seront en outre respectivement transmis les extraits du sommier de la contribution foncière,
renfermant l'indication de la nature, consistance, valeur
en capital ou revenu cadastral, des propriétés appartenant à des habitants du pays voisin ou réputés tels par
leur domicile ».

(Ainsi que l'Instruction l'indique cette première transmission fut un peu reculée du reste de par le fait des
retards apportés dans l'approbation de la Convention.)

La communication de ces extraits permet ainsi aux receveurs de l'Enregistrement de dresser une sorte de nomenclature des immeubles possédés dans leur circonscription par des étrangers. Ce sommier spécial devant être mis à jour, du reste, au moyen du renvoi annuel des relevés de mutations relatives aux propriétés désignées précédemment ou des acquisitions faites par d'autres habitants du pays voisin, de la communication enfin des notices de décès. Un sommier identique est établi par les receveurs d'Enregistrement dans la réunion desquels aura élu domicile une personne, qui leur sera signalée comme possédant des biens dans le pays étranger.

Les articles suivants sont d'une importance très relative. Ils ont pour but d'assurer la mise en pratique de la Convention, en établissant les formes dans lesquelles doivent être faits ces renvois, et en prévoyant les mesures de détail qui ne peuvent manquer d'être prises. Ils ne présentent pas d'intérêt dans cette étude. A noter cependant l'article 8 d'après lequel « la présente Convention pourra d'un commun accord recevoir les additions et les modifications dont l'utilité se serait manifestée », et l'article 9 ne lui attribuant « un caractère définitif et exécutoire qu'après l'approbation des deux gouvernements respectifs ».

On a vu précédemment quelles réserves il y avait lieu d'observer au sujet de cette approbation. Quant à la

possibilité de remanier la Convention de 1843, il n'en a
pas été fait usage (Déclaration du ministre des Finances belge à la Chambre des Représentants, le 8 janvier
1908).

Telles sont les principales dispositions de l'Entente
franco-belge. L'Instruction qui l'explique ajoute : « Les
dispositions de la Convention du 12 août 1843 intéressent spécialement les préposés des départements limitrophes de la Belgique. Les directeurs de ces départements veilleront à ce qu'elles soient ponctuellement
exécutées, etc. », et c'est là une marque très sympto-
matique de l'état d'esprit qui animait les gouvernements
qui concluaient cette entente.

Cette énumération succincte des articles importants
de la Convention étant terminée, il est nécessaire maintenant, se plaçant dans le cadre particulier de cette
étude, d'en extraire l'enseignement qu'ils comportent,
c'est-à-dire de montrer d'après l'étendue de son application jusqu'à quel point l'Entente de 1843 a pu ou
peut contribuer à la répression de la fraude fiscale.

Il résulte de la lecture de l'article 2 que la Convention
franco-belge semble avoir envisagé spécialement le cas
où un sujet de l'un des Etats contractants possède
des immeubles à l'intérieur de l'autre Etat. On a même
pu prétendre (1) qu'elle avait eu en vue d'une façon ex-
clusive les successions immobilières.

1. Voir *Economiste français* du 3 août 1907.

En réalité, l'article 2 prescrit le renvoi dans tous les
cas où une transmission entre vifs ou à cause de mort
d'immeubles, connue des agents de l'une des administrations, pourra intéresser les fonctionnaires de l'autre
pays.

Dans quels cas y aura-t-il utilité à procéder de la
sorte ? L'Instruction l'explique.

Tout d'abord, « en Belgique comme en France, les actes portant transmission à titre onéreux ou gratuit de
biens situés à l'étranger, ne sont sujets qu'au droit fixe.
Le droit proportionnel est exigible dans le pays de la
situation des biens où l'acte de mutation doit être enregistré dans les délais déterminés par l'article 22 de la
loi du 22 frimaire an VII ».

La transmission de ces renseignements permettra de
poursuivre le recouvrement de l'impôt ainsi exigible à
l'occasion des mutations qu'ils parviendront seuls à
faire connaître.

En ce qui concerne les droits de successions, il est
utile de remarquer avec l'Instruction que la législation
belge distingue la succession d'un habitant du royaume
de celle d'un étranger, la déclaration des héritiers devant comprendre dans le premier cas l'universalité de
la succession quel que soit le lieu de la situation des
biens ou de l'exigibilité des créances, et l'impôt se per-
cevant sur ce qui reste après déduction des charges.
Dans le second cas au contraire, les immeubles situés en

Belgique étant les seuls soumis aux droits de mutation sans qu'il y ait lieu de déduire les charges suppor-
tées.

Quant à la législation française (dont ne parle pas
bien entendu l'Instruction), on observera qu'à l'époque
où la Convention franco-belge fut conclue, elle n'ad-
mettait en aucun cas la distraction des charges lors de
la taxation d'une mutation par décès. Par contre, il est
un principe toujours en vigueur à l'époque actuelle
(art. 3 § 2 du C. civ.), en vertu duquel l'impôt n'est
applicable qu'aux immeubles ayant une situation
réelle en France, quels que soient le domicile et les qua
lités des personnes entre lesquelles s'opère la mutation.

Dans ces conditions, les préposés de l'Enregistrement
belge ont particulièrement intérêt à connaître « non
seulement les actes enregistrés en France et qui se rapportent à des biens situés en Belgique, mais encore
ceux qui ont pour objet des propriétés mobilières ou
immobilières possédées en France par un habitant du
royaume belge ». De même « l'obligation de transmettre aux préposés belges les copies des déclarations de
successions délaissées par les habitants du royaume de
Belgique permet de contrôler celles que les héritiers
doivent passer en Belgique, même pour les biens de
France ».

En résumé, la Convention de 1843 n'aurait trait
qu'aux mutations d'immeubles entre vifs ou à cause de

mort à titre onéreux ou gratuit, elle présenterait une double utilité : en faisant connaître tout d'abord l'existence de certaines transmissions ayant échappé à la perspicacité des agents de l'enregistrement, transmissions à l'occasion desquelles la situation même des biens rend l'impôt exigible, en permettant ensuite la double taxation qui résulte des différences de législation (ces immeubles situés en France et appartenant à un Belge devant servir de base à l'impôt dans les deux pays).

Mais en réalité la Convention de 1843 a une portée plus large.

Sans doute, les différents paragraphes de l'article 2 exigent avec une particulière insistance l'envoi des copies de déclarations de successions, des extraits de notices de décès ou d'autres actes indicatifs du même événement et des inventaires faits après décès dans un royaume lorsque ces actes analysent des titres de propriétés possédées par le défunt dans l'étendue de l'autre royaume. Mais d'une part ces extraits d'inventaires doivent mentionner aussi bien les meubles dépendant de la succession que les immeubles ; d'autre part le paragraphe 1 parle d'une façon générale de tous les contrats translatifs ou attributifs de propriétés, d'usufruit ou de jouissance de biens immeubles situés en tout ou en partie dans l'étendue du royaume étranger à celui où le contrat a été reçu ou enregistré

Enfin et surtout la disposition de l'article 1 donne à
la Convention une portée extrêmement large. Il n'a pas
été en effet dans l'esprit des parties contractantes de
limiter les actes et documents susceptibles d'être transmis, « ce renvoi devra être fait dans tous les cas prévus et non prévus où la communication par extrait sera
jugée utile » dit l'Instruction. D'ailleurs l'article 2
débute ainsi : « on renverra notamment... »

Le choix judicieux des exemples qui suivent était
inévitable à l'époque où la Convention a été conclue.
En 1843 on peut dire en effet que la presque totalité
des fortunes se composait, pour ainsi dire, exclusivement d'immeubles. On ne prévoyait même pas encore
l'essor remarquable qui fut plus tard celui des valeurs
mobilières. Il n'est donc pas surprenant que ces dernières
aient été envisagées seulement sous l'acception générale de meubles, *lato sensu*.

« Si l'on se reporte à l'époque où elle a été signée »
dit M. Wahl « la convention franco-belge organise un
système complet d'échange de renseignements en vue
du recouvrement de l'impôt dans les deux pays. Son
esprit est en somme d'ériger l'administration fiscale de
chacun des pays en auxiliaire de l'administration de
l'autre pays ». Et le mot de « cartel d'enregistrement »
qui a été prononcé semble justifié.

La Convention franco-belge doit donc être considérée
comme applicable dans toutes les hypothèses où ces

échanges de renseignements peuvent aider à la perception complète et régulière des droits établis par les deux pays.

Etant donné qu'aucune modification n'a été apportée au texte de 1843 depuis sa rédaction, étant donné d'autre part que la législation fiscale a subi depuis cette époque, particulièrement en France, des transformations nombreuses, il y a lieu de se demander si les dispositions de l'Entente ne sont pas un peu vieillies. Il faut donc examiner en fait quelle importance l'Entente franco-belge présente à l'heure actuelle au point de vue de la répression de la fraude fiscale.

La Convention de 1843 a été conclue à une époque où les deux parties contractantes étaient régies par la loi du 22 frimaire an VII qui semblait ignorer l'existence des valeurs mobilières. Depuis cette époque le fisc s'est efforcé de faire cadre · les dispositions qu'il édictait avec cette forme nouvelle de la richesse.

Cependant l'administration belge n'est pas entrée dans cette voie aussi profondément que l'administration française.

Tandis en effet que la Belgique a respecté, ou peu s'en faut, la loi de frimaire, en France de nombreuses lois « ont assujetti à l'impôt des successions les valeurs mobilières françaises dépendant de la succession d'un étranger, imposé aux coupons un prélèvement de 11 à 12 0/0, autorisé l'administration de l'Enregistrement à

prendre connaissance des livres, registres, lettres, pièces de recettes et de dépenses de toutes les sociétés par
actions » (1).

De même les sociétés, compagnies, agents de change,
changeurs, banquiers, escompteurs, officiers publics et
ministériels et agents d'affaires qui sont dépositaires,
détenteurs ou débiteurs de titres, sommes ou valeurs
dépendant d'une succession ont été tenus d'adresser
au bureau la liste de ces valeurs.

Cette différence actuelle entre les législation belge et
française est très importante. On a pu craindre en effet,
lors de la discussion du récent projet d'impôt sur le
revenu, que le gouvernement n'exigeât la communication de tous les documents pouvant lui faire connaître
les dépôts faits en Belgique par des Français. Mais les
déclarations contraires du ministre des Finances belge,
M. Liebaert, dans la séance du 26 juillet 1907 méritent à
ce sujet d'être rapportées : « En Belgique, les banquiers,
les agents de change ou autres particuliers, et les établissements financiers qui reçoivent en dépôts ou
en compte courant des sommes d'argent, titres ou
valeurs de portefeuille, ne sont pas tenus d'en faire
la déclaration à l'administration des finances en cas
de décès du titulaire du dépôt ou du compte courant,

1. Voir *Economiste français* du 17 août 1907, La Convention franco-
belge de 1843 et ses effets.

et l'administration ne possède pas le droit d'investigation dans leurs livres, aux fins de recouvrement de
l'impôt de succession... Il en est naturellement de
même quand il s'agit d'un étranger et de l'impôt dû
dans un autre pays... Le gouvernement belge ne saurait
donc être engagé, ou s'engager par une convention avec
un autre gouvernement à procurer à celui-ci des renseignements ou des éléments de preuve qu'il n'est pas
en situation de se procurer pour lui-même. »

Dans ces conditions que faut-il penser de la Convention de 1843, sinon qu'elle est un rouage vieilli. Du moment que chacun des pays contractants ne se reconnaît
pas le droit de faire des recherches pour aider son voisin dans la répression de la fraude fiscale, et se contente
de renvoyer les renseignements que lui-même a recueillis
pour son compte (façon d'opérer très naturelle d'ailleurs),
il ne sert à rien que l'un des pays fasse des progrès dans
l'art de la taxation si l'autre ne fait pas des progrès
analogues.

Tandis que la Belgique se contente d'adresser à l'administration française des renseignements touchant aux
immeubles, hypothèques, rentes foncières et meubles
en général faisant l'objet d'un inventaire, partage ou
acte quelconque postérieur au décès enregistré en Belgique, la régie française lui communique en outre le
détail de toutes les valeurs mobilières françaises ou
étrangères dépendant de la succession d'un belge lors-

que leur existence lui est révélée d'une façon quelconque.

Il en résulte cette situation bizarre que la Convention de 1843 est beaucoup plus profitable au fisc belge qu'au fisc français.

Malgré la généralité de la disposition édictée par l'article 1, on peut donc dire que la Convention de 1843 n'est qu'une arme peu efficace contre la fraude fiscale. Sans doute, grâce à cette entente, l'administration de l'Enregistrement est mise au courant de certaines mutations entre vifs ou à cause de mort à l'occasion desquelles elle est en droit d'exiger l'impôt et qui plus tard pourraient servir de base à un impôt sur le revenu. Mais ces mutations se réfèrent la plupart du temps à des immeubles qu'il est particulièrement aisé de surveiller, et pour lesquels le lieu de leur situation réelle détermine la législation fiscale applicable.

Il résulte du reste des renseignements recueillis que le traité de 1843 est appliqué avec quelque fréquence seulement dans les départements frontières. L'instruction de 1844 le prévoyait du reste. Il suffit de se rappeler que la Belgique a conclu deux conventions semblables avec les Pays-Bas et le Grand Duché de Luxembourg pour en comprendre la raison.

CHAPITRE IV

LA CONVENTION DU 15 NOVEMBRE 1907
ET L'INSTRUCTION DU 31 DÉCEMBRE 1907.

« Le gouvernement de la République française et le gouvernement de Sa Majesté britannique, étant dési-reux d'empêcher autant que possible la fraude dans les cas de droits de succession..... »

Tel est le court exposé des motifs qui précède la Con-vention franco-anglaise du 15 novembre 1907. L'exé-cution en a été assurée en France par un décret du 13 décembre 1907 et par une Instruction de la régie, n° 3233 en date du 31 décembre 1907, Instruction « re-lative à l'exécution de l'arrangement conclu... pour la répression de la fraude en matière de droits de muta-tion par décès sur les valeurs mobilières ».

Voici d'ailleurs les dispositions principales de la Con-vention (1).

Article premier. — Le gouvernement britannique s'engage à fournir, pour toutes personnes décédées dont le domicile est en France, un extrait de l'affidavit con-tenant les nom, prénoms, domicile, date et lieu de dé-

1. Voir annexes IV et V.

cès du *de cujus*, les renseignements touchant ses successeurs et la consistance de l'hérédité en valeurs mobilières...

Art. 2. — Le gouvernement français s'engage à fournir, pour toutes personnes décédées dont le domicile est dans le Royaume-Uni de Grande-Bretagne et d'Irlande, un extrait de la déclaration de mutation par décès contenant les indications énumérées à l'article 1.

L'extrait n'est fourni que dans le cas où le total de ces valeurs mobilières atteint au minimum 100 livres sterling, c'est-à-dire 2520 francs.

L'Instruction de la régie en France indique d'une façon très détaillée ce que doivent comprendre les extraits : savoir :

1° Les nom, prénoms et domicile du défunt ;

2° La date et le lieu de son décès ;

3° Les renseignements relatifs aux héritiers, donataires ou légataires (nom, prénoms et domicile, la date du testament, le nom et l'adresse du notaire rédacteur ou dépositaire de cet acte) ;

4° La consistance de l'hérédité en valeurs mobilières, c'est-à-dire l'énumération détaillée et complète de ces valeurs par nature, numéros et séries.

Les extraits doivent être d'ailleurs la « copie littérale et fidèle de la déclaration de succession ou de l'affidavit ».

L'hypothèse prévue par la Convention est la suivante. Un individu (de nationalité quelconque), ayant élu domicile en France, meurt en Angleterre en y laissant une certaine fortune composée en partie ou en totalité de valeurs mobilières pour une somme supérieure à 100 livres sterling. Le fisc anglais perçoit sur la succession les droits dont elle est passible en Angleterre. Puis le Board ot inland Revenue communique à la Direction générale de l'Enregistrement en France, d'après l'affidavit, les renseignements détaillés ci-dessus : ceux-ci transmis au receveur dans la circonscription duquel l'individu décédé avait élu domicile, lui permettent de rechercher si les valeurs mobilières énumérées dans les extraits ont fait l'objet d'une déclaration de mutation par décès. Dans le cas de la négative, le receveur consigne au sommier des découvertes un article destiné à assurer le recouvrement des droits dont ces valeurs sont passibles d'après la législation fiscale française.

Il en est de même, bien entendu, dans l'hypothèse inverse d'un individu ayant élu domicile en Angleterre et laissant à sa mort en France des valeurs mobilières.

Il résulte par conséquent des dispositions de la Convention que les héritiers du *de cujus* sont assujettis à payer dans les deux pays les droits de succession se référant à la catégorie de valeurs envisagée.

« Les déposants français, par exemple, qui pour quelques raisons que ce soit auront mis leur fortune mobilière dans les banques anglaises, sont désormais assurés

de faire payer à leurs héritiers les droits successoraux
tant en France qu'en Angleterre (1).

Ainsi que le fait remarquer M. Jobit (2) « la Convention dont il s'agit n'apporte aucune modification à la
législation en vigueur pour la perception des droits de
mutation par décès... Les conditions d'exigibilité restent
les mêmes : les Anglais en France et les Français en
Angleterre devront payer les droits dans tous les cas où
ils en seraient juridiquement redevables ».

Les dispositions édictées par la Convention franco-anglaise étant ainsi établies, quelles observations y a-t-il
lieu de présenter ?

On remarquera tout d'abord qu'aucune des administrations ne se reconnaît par la Convention le droit « de
faire dans les banques ou établissements de crédit des
recherches dans le but de rendre service à sa voisine,
ni de lui communiquer le résultat, soit des recherches
qu'elle aura faites pour son propre compte, soit des
renseignements qu'elle aura obtenus des personnes autres que les héritiers » (3). La base des extraits communiqués de France en Angleterre et inversement, réside en
effet d'après l'article 1 et l'article 2 dans l'affidavit ou
les déclarations de succession faites par les héritiers.

1. Voir Guilmard. *L'Evasion fiscale (à propos de l'accord fiscal franco-
anglais.)*
De même *Economiste français* du 21 décembre 1907.
2. *Annuaire de législation française* à propos de la convention du 13 décembre 1907.
3. Wahl, *op. cit.*

Il suffit par conséquent à ces derniers de ne pas comprendre dans la déclaration de succession les valeurs
mobilières qui en dépendent, pour que les renseignements concernant cette portion de la fortune du *de cujus* ne soient pas communiqués à l'autre administration. Ils le pourront d'autant mieux qu'en Angleterre
la loi n'oblige pas, comme en France, les sociétés, agents
de change, banquiers, etc., à fournir à l'Enregistrement
tous les renseignements utiles concernant les valeurs
dont elles ont la garde. La législation des deux pays,
d'ailleurs, étendrait-elle également les pouvoirs d'investigation du fisc, l'administration de l'un des pays ne
pourrait faire état de ces informations, ne les tenant pas
des héritiers eux mêmes.

De plus, il est utile de remarquer qu'au décès d'un
étranger en France ses héritiers ne sont pas obligés de
déclarer au fisc français les valeurs étrangères qu'il pos-
sédait. De même en Angleterre la nécessité de l'affidavit a été contestée pour les valeurs au porteur et pour
les titres non anglais (1).

Il ne faudrait pas cependant exagérer la portée de
cette première restriction relevée dans les termes de la
Convention franco-anglaise. Sans doute les extraits que
s'adressent réciproquement les administrations de l'En-

---

1. Voir *Economiste français* du 21 décembre 1907, M. Leroy-Beaulieu
pose la question sans la résoudre.

registrement seront bien établis d'après les déclarations de succession. Mais en formulant celles-ci, les héritiers prendront garde à ne pas omettre des valeurs sur les quelles l'attention du fisc se sera déjà portée. Pour ne pas encourir les amendes dont ils pourraient être taxés pour insuffisance de déclaration, ils préféreront indiquer tout ce qu'ils ne pourront cacher de la succession

Par contre-coup la communication à l'administration voisine mettra celle ci sur la trace de l'ouverture de la succession, et lui permettra de rechercher quels impôts elle pourra valablement exiger.

A un autre point de vue la Convention de 1907, par différence avec l'Entente franco-belge, a une portée nettement définie et très restreinte. Elle s'efforce en effet d'assurer uniquement le recouvrement des droits de succession sur les valeurs mobilières. Non seulement les immeubles ne sont pas envisagés, mais les inventaires de meubles, autres que les valeurs mobilières, dépendant de la succession, ne donnent pas lieu à communication. Aucune disposition générale ne permet d'étendre la prescription de l'Entente à d'autres hypothèses.

Dans ces conditions, les renseignements transmis contribuent à la répression de la fraude en permettant seulement d'exiger dans le pays autre que celui où est mort le *de cujus* les droits afférents aux valeurs mobilières faisant partie de la succession.

Là ne se borne pas pourtant, comme on pourrait le penser, les effets de l'Arrangement. Indirectement les extraits transmis dans l'autre pays peuvent présenter pour les agents de l'Enregistrement un intérêt plus considérable, en leur faisant connaître l'existence de successions qu'ils ignoraient peut-être, le décès s'étant produit par hypothèse en pays étranger. Or, il peut se faire que dans leur circonscription soient situés des immeubles ou des meubles qui appartenaient au défunt. La connaissance du décès donnera l'éveil aux receveurs et leur fournira un premier élément dont ils se serviront pour rechercher toutes les transmissions conséquentes devant donner lieu à la perception d'un droit.

En outre, on peut prétendre avec quelque exactitude que la Convention serait un procédé d'investigation très perfectionné dans les mains du fisc, le jour où un impôt sur le revenu viendrait à être établi. « Le gouvernement français. dit M. Leroy-Beaulieu, instruit par l'administration financière britannique des dépôts de valeurs en Angleterre appartenant à la succession d'un Français, aurait tôt fait de voir si du vivant du défunt, l'impôt sur le revenu avait été payé sur ces titres et d'exiger les impôts impayés depuis l'époque prescrite (1) ».

Ce point de vue a cependant été contesté par

---

1. *Economiste français* du 21 décembre 1907.

M. Wahl (1), ou tout au moins a-t-il voulu montrer, en
se basant sur les caractères principaux de la Convention qui ont été exposés précédemment, que sa Convention de 1907 « ne faisait aucunement présager la possibilité d'une entente avec le gouvernement anglais
dans le but de faciliter la proscription de l'impôt sur
le revenu ». L'Angleterre n'ayant pas organisé avec
autant de soins ni de précision le droit de communication tel qu'il est réglé en France par l'article 15 de la
loi du 25 février 1901, à l'heure actuelle la France eût
fait « marché de dupe » en s'engageant à fournir au
fisc anglais les renseignements que l'Enregistrement
se procure par l'exercice de cette faculté d'investigation, alors que le Board of Inland Revenue n'a nullement la possibilité de fournir des renseignements analogues. Aussi la convention de 1907 a-t-elle strictement
pour but la diminution de la fraude en cas de transmission par décès de valeurs mobilières.

Evidemment, pour lui donner une portée plus grande,
et notamment pour permettre aux dispositions de cette
Convention d'avoir pour effet de réprimer la fraude
en matière d'impôt sur le revenu, il faudrait que la
législation des deux pays soit à peu près établie sur
les mêmes bases quant à l'exercice du droit de communication. Cependant, il semble qu'à l'heure actuelle

---

1. *Revue de droit international privé et de droit pénal international*,
1908, p. 59.

ces renseignements bien imparfaits résultant du renvoi des déclarations de succession peuvent indirectement favoriser les recherches du fisc. Cette remarque, du reste, no présenterait un véritable intérêt en France que du jour où l'impôt sur le revenu viendrait à être voté par le pouvoir législatif.

Dans les limites même de son application, peut-on dire que la Convention du 15 novembre 1907 ait véritablement donné aux pays contractants des moyens de recherche inédits de la fraude fiscale ?

Il semble, au premier abord, que les pouvoirs d'une administration financière étant limités au:. frontières nationales. la communication des déclarations de succession faites à l'étranger étend singulièrement son champ d'action. Il paraît qu'il n'en est rien lorsque ce pays étranger est l'Angleterre. « La situation des capitaux français déposés en Angleterre n'a nullement été empirée par le traité du 15 novembre 1907. Longtemps avant cette date, les renseignements qu'il promet à notre administration étaient à la disposition de celle-ci ; les successions laissées en Angleterre, soit par des Anglais, soit par des étrangers, sont connues de tout le monde. Le premier venu peut aller à Somerset-House (siège de l'administration anglaise de l'Enregistrement) et y prendre communication et même copie de tous les testaments comme des déclarations de successions (affidavit). Qu'est-ce que cela nous fait que désormais le Board of Inland Revenue communique officiellement à notre ministère des Finances des chiffres qu'un garçon de bureau de l'ambassade ou du consulat aurait pu aller chercher tous les mois (1) ? »

Il no faut pas évidemment s'exagérer l'importance des renseignements dont la Convention franco-anglaise proscrit l'envoi. Mais d'une part il convient de remarquer qu'en France une semblable faculté de prendre connaissance des testaments et déclarations de successions n'existe pas, d'autre part cette communication officielle permet seule au fisc de pouvoir tirer parti des extraits qui lui sont transmis. Un renseignement pris peut-être à la légère ne peut servir de base à la perception d'un impôt, tandis que l'envoi fait par une administration à une autre, du moment que la validité de la Convention n'est pas contestée, est une preuve légale de l'exigibilité du droit.

La Convention du 15 novembre 1907 n'a été jusqu'à présent que fort peu mise en pratique. Les résultats de son application sont tenus secrets avec un soin jaloux. Le seul renseignement officiel que l'on possède est celui que donne l'exposé des motifs du projet de budget de 1910 lorsqu'il fait allusion dans ces termes à la Convention ..

« Nous sommes parvenus à négocier avec une grande puissance un accord qui nous donne des garanties dont nous avons déjà éprouvé la portée. »

1. Lescœur, *op. cit.*, p. 126.

CHAPITRE V

APPRÉCIATION DES DEUX CONVENTIONS

La Convention franco belge et l'Arrangement franco-anglais ont été très diversement critiqués. Suivant les tendances politiques de chacun on s'est plu à vanter leurs mérites ou à exagérer leurs défauts. Au milieu de ces opinions divergentes il est donc nécessaire de rechercher, comment, d'un point de vue objectif, on peut apprécier ces essais d'ententes internationales pour la répression de la fraude fiscale.

Elles répondent toutes deux, à la vérité, à un but très louable. Le rôle d'un gouvernement est en effet d'assurer la stricte application des lois que le pouvoir législatif l'a chargé d'exécuter. Le fisc en particulier doit posséder les moyens d'action nécessaires pour garantir le juste recouvrement de l'impôt. La fraude, telle qu'elle fut définie au début de cette étude, ne pouvant être tolérée, il appartient au pouvoir exécutif de chercher les procédés utiles pour contribuer à sa répression. La justice veut en effet que l'impôt soit égal pour tous, c'est-à-dire en proportion des moyens

de chacun. Les conventions de 1843 et de 1907 répondent en partie à ce but.

Grâce à l'application de ces Ententes quelques graves
fraudes fiscales sont évitées. Non pas tant sans doute
par le jeu des dispositions édictées que par l'effet d'intimidation qu'elles peuvent produire.

Cependant on doit observer combien est restreinte
la portée de la Convention franco-belge dont les prescriptions vieillies ne sont plus en rapport avec la taxation moderne. De même le champ d'action de l'arrangement franco-anglais, limité aux valeurs mobilières
dépendant d'une succession, semble très étroit.

En outre deux remarques doivent être faites dont
l'une comporte la plus redoutable des critiques que l'on
puisse adresser aux Conventions. D'une part celles ci ne
modifiant en aucune façon la législation interne des
États contractants, et ne le pouvant pas du reste, lais-
sent subsister dès le principe des différences qui
influent sur l'étendue de leur application. D'autre part
dans les nombreuses hypothèses où précisément les
législations présentent ces différences, ces ententes
aboutissent à des doubles taxations qui paraissent in-
justifiables.

Par le jeu de la Convention franco-belge en effet, des
immeubles situés en France et appartenant à un Belge
mort en France donnent lieu dans ce pays à l'ouverture
d'un droit de succession. La déclaration des héritiers

renvoyée au fisc belge lui donne en outre les éléments suffisants pour exiger à nouveau l'impôt de mutation par décès,

De même, par suite de la Convention franco-anglaise, les valeurs mobilières possédées par un Français en Angleterre doivent être déclarées au lieu du décès, puis, après la transmission des renseignements, au lieu du domicile du *de cujus* : les deux pays se reconnaissant respectivement le droit de percevoir l'impôt.

« Cela étant, dit M. Leroy-Beaulieu, on a le droit de dire que c'est là un arrangement tout à fait illégitime et manifestement immoral ; car en équité, cette succession ne doit pas deux droits, elle n'en doit qu'un. Si les gouvernements avaient voulu faire œuvre légitime, le gouvernement anglais eût dû déclarer qu'il renonçait à toute perception des droits britanniques sur les dépôts de titres et sur les valeurs quelconques appartenant en Angleterre à un Français décédé ; et qu'il laisse à la France la faculté de percevoir sur ces biens ses propres droits successoraux, en lui en fournissant les moyens par les renseignements qu'il lui transmettra (1). »

Il n'est pas douteux que cette obligation de payer les droits de succession dans les deux pays ne soit difficile à justifier. Sans doute on a pu prétendre qu'une différence de situation semblable à celle qui a été envisagée, entraînant dans les deux pays l'usage des avantages

---

1. Voir *Économiste français* du 21 décembre 1907.

généraux qui sont ceux de toute société organisée, oblige
en même temps celui qui en profite à en acquitter les
charges corrélatives. Mais on ne peut déduire de cette
constatation l'obligation de payer dans chacun des deux
États le total des impôts qui auraient été payés dans un
seul. La contribution n'est due, bien imparfaitement
d'ailleurs, qu'en proportion du service rendu. Celui-ci
n'est pas double si domicilié en France on meurt en laissant des biens en Angleterre.

La double exigibilité de l'impôt successoral est d'autant moins justifiable qu'en France et en Angleterre
particulièrement, les législateurs récents ont accru d'une
façon colossale les tarifs des droits de succession. Ceux-
ci sont devenus une sorte de reprise légale d'une portion des biens transmis, récompense de la faveur accor-
dée par l'État aux héritiers en leur permettant d'entrer
en possession des biens du *de cujus*.

L'adoption d'une semblable règle par les conventions
de 1843 et de 1907 est par conséquent un des points
les plus critiquables de leur conception.

N'est-il donc pas possible, à l'heure actuelle, de conclure des ententes internationales pour la répression
de la fraude fiscale au sujet desquelles un tel grief ne
puisse être soulevé ? Sur quelles bases ces ententes doi-
vent-elles être établies dans l'avenir, pour ne léser ni
l'intérêt du fisc ni l'intérêt du contribuable ?

La réponse à ces deux questions fera l'objet de la
deuxième partie de cette étude.

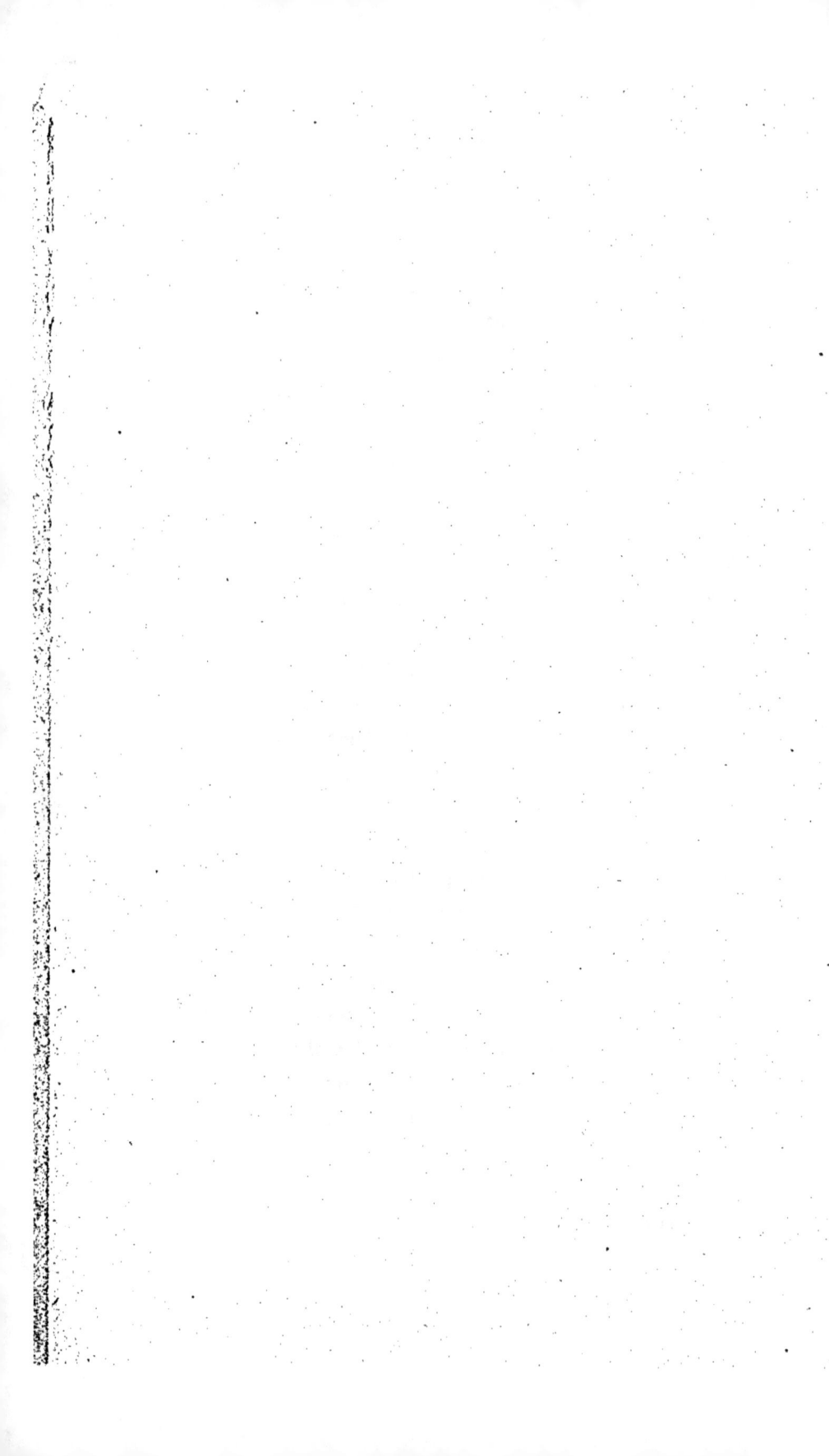

Livre Deuxième

Sur quelles bases pourraient être établies dans l'avenir des ententes internationales pour la répression de la fraude fiscale.

On a dû reconnaître précédemment que les ententes internationales jusqu'à présent conclues dans le but de diminuer la fraude en matière d'impôts avaient sans doute été conçues très légitimement dans l'intérêt du fisc, mais ne présentaient pas suffisamment pour les contribuables des garanties de justice désirables. Celui qui cherche à se soustraire aux exigences de l'impôt en plaçant une partie de sa fortune à l'étranger, dans l'espoir de rendre vaines les recherches des agents chargés de la taxation, n'est évidemment pas intéressant. En ce qui le concerne on ne peut donc que se féliciter des résultats possibles des conventions conclues. Mais celles-ci ne le touchent pas seul. Comme le fait remarquer M. Leroy-Beaulieu (1), il est tout à fait exagéré de penser que la

1. *Economie française* du 21 décembre 1907.

généralité des Français qui font des dépôts de titres à l'étranger aient pour pensée de frauder le fisc ; ils recourent à un procédé d'assurance, de division de leur avoir qui est des plus légitimes ». Pour ceux-là il est particulièrement redoutable de voir des arrangements internationaux permettre à deux administrations fiscales de percevoir l'impôt qui n'aurait été prélevé qu'une seule fois, s'ils avaient placé leur fortune dans le pays où ils sont domiciliés.

Il est donc nécessaire de montrer comment, par suite de la diversité des législations, des ententes internationales pour la répression de la fraude fiscale n'ont pu jusqu'à présent être conclues, qui ménagent l'intérêt du contribuable en protégeant celui du fisc.

On examinera à ce propos les projets présentés à l'approbation de l'Institut de Droit International sur la question des doubles impositions.

Il sera possible alors de déterminer les bases futures de ces ententes de l'avenir et d'en apprécier l'utilité.

CHAPITRE PREMIER

LA QUESTION DES DOUBLES IMPOSITIONS

Pourquoi la diversité des législations entraîne inévitablement,
à l'heure actuelle, des doubles taxations que des ententes
internationales pour la répression des fraudes fiscales ne
peuvent que garantir.

L'Institut de Droit International s'est occupé pendant
la session de Florence de septembre-octobre 1908 de la
question des doubles impositions qui est inscrite à son
ordre du jour depuis la session de Cambridge de 1895.
M. Strisower, adjoint à M. Barclay, donne dans son rapport la définition suivante :

« Il y a double imposition quand les impôts de deux
Etats grèvent la même partie des ressources de l'individu, en surpassant ensemble toute somme qui résulte-
rait de l'observation d'un principe quelconque identique
pour les deux Etats, et distribuant le montant des impôts à supporter généralement dans chacun par cette partie des ressources, d'après les différents rapports qui le
rattachent à l'un ou l'autre Etat. »

Le rapport de M. Strisower insiste particulièrement
sur la difficulté de méthode qu'a rencontrée la quinzième
commission chargée de cette étude.

Trois projets se trouvent en effet en présence : Le premier, chronologiquement, déposé à la session de Copenhague de 1897 par M. Barclay, se borne à repousser les doubles impositions en matière de droits de mutation par décès. Le second, qui est celui de M. Lehr se base sur la nécessité d'un accord préalable sur les idées générales en vertu desquelles les Etats imposent les individus. Le dernier, soutenu par M. de Bar, n'est qu'une extension aux impôts annuels de la méthode de travail préconisée par M. Barclay.

Ces divergences de vues ont paru à ce point importantes aux membres de l'Institut de Droit International, qu'ils n'ont pas pensé pouvoir proclamer, même avant toute autre étude, le principe de l'inadmissibilité des doubles impositions que M. Strisower les invitait dans son rapport à reconnaître. La question des droits de mutation par décès a été renvoyée à la Commission et rayée de l'ordre du jour de la session de Florence.

L'initiative qu'a prise l'Institut de Droit International en essayant de corriger par sa haute intervention l'un des inconvénients les plus sensibles de l'organisation fiscale des principaux pays du monde, est particulièrement remarquable.

En effet, à l'heure où l'on assiste à un effort insoupçonné jusqu'à ce jour pour diminuer les heurts fréquents que les législations diverses ne peuvent manquer d'occasionner, tandis que les relations entre les Etats sont

de plus en plus réglementées par des conventions qui
sont comme l'ébauche d'une sorte de Code international de l'avenir, il semble que le problème de la délimitation de l'impôt doive être nécessairement résolu.

Il importe de s'expliquer sur ce point, car, à première
vue tout arrangement fiscal conclu dans ce but par les
différents pays du monde semble non seulement devoir
porter atteinte à la liberté traditionnelle dont ils jouis-
sent à juste titre, mais de plus entraîner par suite de
la suppression des doubles impositions une diminution de
rendement des taxes considérées.

En effet les impôts perçus dans un État diffèrent sen-
siblement dans le principe même de leur établissement
de ceux exigés dans la nation voisine, surtout en
matière de contributions directes. Le système en vigueur
est ici personnel, là il est réel. Tel contribuable se
prête volontiers aux formalités innombrables que son
administration exige de lui, répond de bonne grâce aux
questions qui lui sont posées dans un but définitif de
taxation ; tel autre ne s'en soucie nullement. Ici il se
fait l'auxiliaire du fisc, là il s'en fait l'ennemi. D'autre
part la politique financière différente que suivent les
États, les amène, les uns à demander de plus en plus à
la classe favorisée de la nation les ressources croissan-
tes dont ils ont besoin, les autres à n'accroître les impôts exigés qu'en se maintenant dans l'application du
principe de la stricte proportionnalité. Ces divergences

ne résultent pas de la volonté seule du législateur. Ce
dernier est obligé de tenir compte du caractère, des
mœurs, des habitudes de la nation lorsqu'il crée un
impôt. Il sait que la force ne suffit pas pour assurer
son rendement, et qu'il faut s'efforcer au contraire de le
faire accepter facilement par le contribuable en respec-
tant ses usages.

Toute personnalité d'un peuple se dévoile la plupart
du temps à l'examen des contributions qu'il supporte.

Il ne saurait donc être question de diminuer cette
indépendance naturelle des États les uns vis à-vis des
autres. Mais, établir du consentement de toutes les
nations (ou à la rigueur des gouvernements qui les
représentent) un critérium précis, permettant de fixer le
domaine d'application des impôts perçus, en évitant des
doubles taxations, est une œuvre parfaitement concilia-
ble avec le respect de l'indépendance des États. A titre
d'exemple, on peut citer la disposition suivante en
vigueur en Bavière à l'égard de l'impôt sur les successions (art. 7 de la loi du 18 août 1879) :

« Les immeubles et les droits qui y sont assimilés ne
sont pas imposés s'ils se trouvent hors de Bavière. Les
autres biens possédés hors de Bavière par un défunt qui
lors de sa mort était Bavarois ou avait son domicile en
Bavière, sont imposés quand ils passent à une personne
demeurant en Bavière et quand dans l'État étranger il
n'est imposé aucun droit ou qu'un droit inférieur à celui

qui est proscrit dans la présente loi. Dans ce dernier cas,
le paiement du droit ayant été prouvé, il est déduit sur
le droit imposé en Bavière. »

Il n'est pas douteux que l'adoption par les Etats d'une
règle de ce genre généralisée ne diminuerait en rien
leur liberté, mais par contre ménagerait particulièrement
l'intérêt du contribuable. Le fisc lui-même y trouverait
avantage. Il semble évident, à première vue, que des
droits similaires frappant dans deux Etats les mêmes
matières imposables, celui d'entre eux qui renoncerait à
percevoir l'impôt verrait de ce fait le montant de ses
ressources diminuer d'une façon sensible. Si l'Angleterre et la France par exemple se mettaient d'accord
pour exiger seulement les droits de successions sur les
valeurs mobilières dans le pays où le défunt était domicilié, ne subiraient elles pas toutes deux une perte
importante ? En réalité, il n'en est rien. La perspective
de payer l'impôt deux fois est une prime plus forte pour
celui qui veut frauder le fisc. D'autre part, un accord sur
le principe de délimitation pourrait avoir pour conséquence l'adoption plus aisée d'une entente générale entre
les différents pays ayant pour but de diminuer la fraude.
On peut très légitimement croire que la perte subie d'un
côté serait très largement compensée par le bénéfice
recueilli de l'autre côté.

Comme le fait très bien remarquer M Strisower dans

son rapport à la quinzième commision (1): « Le mal que
semblent causer les doubles impositions est ainsi précisément le motif le plus urgent de s'occuper de la délimitation de l'impôt. »

C'est pourquoi l'Institut a dès le début envisagé particulièrement la question en matière de droits de mutation par décès, c'est-à-dire où il paraissait le plus pres-
sant de la résoudre. Et le rapport de M. Barclay à la
session de Copenhague de 1897 commence ainsi « l'élé-
vation progressive des impôts sur les successions dans
certains pays a motivé la nomination de cette commission qui aura à étudier les moyens d'éviter les effets
fâcheux pour les rapports internationaux. qui peuvent
résulter de l'imposition de droits très élevés dans un
Etat, sans égard à ceux imposés dans les autres ».

Mais la question pouvait être très heureusement
étendue. Elle le fut par M. Lehr qui dans les travaux
préparatoires de la session de Neuchâtel de 1900 essaya
de poser « certains principes concernant les raisons qui
justifient et justifient seules de la part des Etats l'imposition des individus, et déterminent d'une manière
générale les circonstances dont l'exercice de ce droit dépend par conséquent pour chaque Etat ».

« On doit examiner autant que possible, dit M. Strisower, pourquoi, à raison de quelles circonstances l'im-

1. *Annuaire de l'Institut du droit International.* Florence,1908, p. 147.

position des individus, et particulièrement des individus dont la vie se partage entre plusieurs souverainetés, est justifiée de la part de l'un ou de l'autre Etat. »

M. de Bar présenta également un projet dans lequel il envisageait non seulement les droits de successions mais une grande partie des impôts existants dans les différents pays.

De l'extension du projet primitif il est résulté que l'Institut de droit international n'est pas encore parvenu à solutionner définitivement le problème, ses membres ne pouvant se mettre d'accord. Cependant à la première question qui leur était posée par M. Barclay : « Est-il équitable que les mêmes biens soient simultanément astreints à des impôts de même ordre dans des pays différents à cause du fait que le domicile ou la nationalité du défunt diffère de la situation des biens ou pour d'autres raisons ? » tous avaient répondu non à l'exception de M. Westlake.

Il est vrai que la même quasi-unanimité ne s'était pas rencontrée en réponse aux autres questions.

On s'explique aisément que l'Institut de droit international ne soit pas encore parvenu à résoudre la question de la délimitation de l'impôt. Sans entrer dans le détail des diverses législations on peut dire en effet que sur certains points elles présentent des différences presque irrémédiables.

Sans doute en matière immobilière ce principe de la

délimitation est aujourd'hui à peu près partout observé. Les frontières nationales sont la limite toute trouvée que l'on ne doit pas dépasser. Sont seuls assujettis aux impôts exigés dans tel pays que l'on considère, les immeubles qui y sont situés, à l'exclusion par conséquent de ceux appartenant aux nationaux des États voisins. Cette règle d'ailleurs ne s'applique pas seulement aux impôts frappant directement (par quelque mode que ce soit) cette source spéciale de revenus, mais aussi aux droits de mutation et en particulier à ceux de succession exigés des héritiers d'un *de cujus* possédant à l'étranger des biens immobiliers. C'est notamment la solution consacrée en France par les textes et par la jurisprudence ; c'est aussi celle adoptée par l'Angleterre. On a cependant fait observer à propos de la convention de 1843 entre la France et la Belgique, que ce dernier pays prélevait le droit de succession en se basant sur tous les immeubles appartenant à un Belge, même situés en pays étranger. Sur ce point il serait d'ailleurs facile d'arriver à une entente. C'est ainsi que presque tous les membres de l'Institut de droit international semblent accepter ce critérium de la situation.

Mais si autrefois les immeubles ont occupé une place prépondérante dans le bilan de la richesse publique, depuis le milieu du xixᵉ siècle ils ont perdu beaucoup de cette importance. Les progrès scientifiques, l'amélioration de l'outillage économique des nations, le besoin

énorme de capitaux résultant de la concentration crois-
sante des entreprises, la nécessité de chercher au dehors
un mode d'emploi pour le trop plein de l'épargne nationale, sont quelques-unes des principales causes de
la création des valeurs mobilières. L'essor remarquable
qu'elles ont pris immédiatement a entraîné un boule-
versement général du mode d'emploi de la richesse
publique. La fortune s'est mobilisée. En présence d'un
état de choses nouveau, le fisc a dû prendre des mesures nouvelles. Il a cherché à taxer la propriété sous cette
forme récente, à tous les moments où il a pu la saisir :
tout d'abord lors de la création (ou émission) des titres
qui la représentent, ensuite lors de toute mutation, enfin
à l'occasion de la distribution d'un bénéfice quelconque.
Mais en cette matière aucun principe de délimitation de
l'impôt ne se présente à l'esprit: pas de frontière natio
nale qui marque une barrière certaine que l'on ne doit
pas franchir. La mobilité particulière des titres au porteur permettant plus facilement de frauder le fisc est
pour lui une raison nouvelle de ne pas ménager la matière
imposable lorsqu'elle se présente à lui. Aussi est-ce en
cet ordre d'idées que le défaut des doubles impositions
est aujourd'hui surtout remarqué. Une mutation cons-
tatée sur les registres de la société est taxée dans le pays
où celle-ci est constituée, alors que dans un pays avoisinant les propriétaires successifs n'ont pu se transmettre
leurs titres de propriété qu'en acquittant un nouveau

droit. Le paiement des coupons est ici assujetti à une
retenue en faveur de l'Etat, et là pris comme base de la
fixation d'un impôt sur le revenu.

Un tel état de choses n'est évidemment pas équitable
quel que soit le fondement spéculatif attribué à l'impôt.
La modicité des tarifs, l'aisance de la fraude ont pu sembler tout d'abord des raisons suffisantes pour ne pas
établir comme en matière immobilière des barrières à
l'action fiscale de l'Etat. La première de ces excuses
fait d'ailleurs défaut aujourd'hui. Mais on éprouve une
très grande difficulté dans la recherche d'un critérium
permettant une délimitation de l'impôt. Du reste cette
difficulté ne se rencontre pas seulement en matière de
valeurs mobilières, elle peut être remarquée à l'égard
de toute créance, biens corporels, etc. Elle s'impose dès
qu'on se trouve en présence de meubles *lato sensu*.

Dans quel pays les biens mobiliers d'une personne
décédée devront-ils être soumis aux impôts sur les successions par exemple ?

Les uns, comme M. de Bar, répondent que la loi du
domicile du défunt doit être appliquée. D'autres, comme
M. Féraud Giraud, admettent que seule la loi de la nationalité du *de cujus* doit être envisagée. D'autres enfin,
comme MM. Lehr et Weiss, se basent sur la détermination du lieu de situation des biens. Mais que faut-il
entendre par ce dernier terme : situation des biens ?

Est-ce le pays où les biens se trouvent au moment du

décès, celui où sont légalement constituées les sociétés dont les actions et obligations sont considérées, celui dans lequel est dû ou effectué le paiement des créances envisagées ?

Il ne suffirait pas de répondre à des questions de ce genre à propos de tous les impôts successivement étudiés. « Souvent ceux qui se prononcent contre les doubles impositions, écrit M. Strisower, prétendent comprendre sous cette dénomination le fait que les impôts de plusieurs états frappent (sans un certain partage) le même objet. Cette définition du problème indique en effet la manière dont on peut l'envisager en grande partie... Mais on peut rencontrer les maux de la double imposition lorsqu'il s'agit d'impôts mis effectivement sur des objets différents, par exemple dans le cas d'individus, qui possèdent leurs biens producteurs de revenus dans un État dont le système d'impôts est exclusivement basé sur les impôts réels, qui y subissent ces impôts par conséquent élevés sur ces biens, et qui supportent en même temps un fort impôt personnel général dans l'État de leur domicile. » Inversement M. Strisower indique des hypothèses où une taxation similaire n'est pas injuste parce que les impôts remplissent des fonctions différentes.

On conçoit dans ces conditions que le problème de la délimitation soit assez malaisé à résoudre, et que les juristes, à plus forte raison les législateurs, éprouvent

les plus grandes difficultés à empêcher ces doubles impositions.

Il était nécessaire de le signaler dans une étude sur les
ententes internationales pour la répression de la fraude
fiscale.

En effet celles qui ont été conclues dans ce but (la
Convention de 1843 et l'Arrangement de 1907) ne tirant
leur force exécutoire que de la volonté des Gouvernements, ne peuvent modifier les règles établies par les
législateurs. C'est pourquoi le traité franco-belge stipule
dans son article 1 qu'il y aura « échange de tous les
documents et renseignements pouvant aider à la
perception complète et régulière des droits établis par
les lois qui régissent les deux pays... » C'est également
la raison pour laquelle l'arrangement franco-anglais n'a
pas constaté, comme l'aurait désiré M. Leroy-Beaulieu (1), l'abandon par le fisc anglais des droits exigibles
sur les valeurs mobilières dépendant de la succession
d'un Français mort en Angleterre, et inversement par
l'administration française de l'Enregistrement des impôts
recouvrables sur les valeurs analogues faisant partie de
la succession d'un Anglais mort en France.

Dans l'état actuel des législations, on peut donc dire
que des ententes internationales conclues pour réprimer la fraude fiscale ne peuvent qu'accroître le défaut

---

1 Voir *Economiste Jrançais* du 21 décembre 1907.

des doubles impositions qui vient d'être signalé, et cela
jusqu'au jour où les législateurs consentiront, par une
disposition de principe ou bien à l'occasion de ces ententes mêmes, à limiter le champ d'application de
l'impôt.

CHAPITRE II

UTILITÉ QUE POURRAIENT PRÉSENTER DANS L'AVE-
NIR, POUR LA FRANCE, DES ENTENTES INTERNA-
TIONALES POUR LA RÉPRESSION DE LA FRAUDE
FISCALE. — SUR QUELLES BASES DEVRAIENT-EL-
LES ÊTRE CONCLUES ?

Dans un ouvrage récent intitulé *Pourquoi et comment on fraude le fisc*, M. Lescœur a étudié les principales dispositions établies par les lois du 25 février
1901 et du 30 mars 1902 en matière de droits de succession et celles qui paraissent devoir résulter des vo-
tes de la Chambre des députés en matière d'impôt sur
le revenu. Il s'est efforcé de classer les principales
fraudes que le contribuable commet ou pourrait com-
mettre.

Le vote de la loi portant création d'un impôt sur le
revenu en France étant une fois de plus ajourné, il ne
semble pas possible pour le moment de faire état des
dispositions hypothétiques, qui ont été provisoirement
arrêtées par la Chambre des députés, pour déterminer les
fraudes qui pourront en résulter. Le principe de la dé-

claration du contribuable sur lequel est basé le projet
en question, tranche tellement avec les habitudes invé-
térées de tout un peuple, il y fut apporté au cours de la
discussion tant d'exceptions, qu'il semble peu probable
qu'il soit définitivement consacré. A part la réparation
de certaines omissions, l'impôt général sur le revenu
deviendrait dans ce cas sous une dénomination nouvelle
une sorte de synthèse de toutes les contributions recou-
vrées actuellement sur les différents revenus. Il convient donc d'envisager surtout les principales fraudes
auxquelles ont recours les contribuables en ce qui concerne les impôts de cette catégorie perçus à l heure présente.

Ceux-ci sont établis tantôt sur la jouissance d'un bien
tantôt sur l'exercice d'une profession ou d'un métier.

Les impôts sur les biens peuvent être classés en
deux catégories :

Ceux qui frappent des meubles d'une part ; ceux qui
frappent directement ou indirectement des immeubles
d'autre part (impôts sur les propriétés bâties ou non
bâties, redevances des mines, contribution mobilière et
des portes et fenêtres).

L'impôt sur le revenu des valeurs mobilières, qui est
le plus important de ceux rentrant dans la première
catégorie, atteint les bénéfices de toute nature (bénéfices
annuels de parts d'intérêt ou de commandite, dividen-
des d'actions, intérêts d'obligation, etc.) distribués par

une collectivité quelconque (département, commune,
compagnies, entreprises commerciales ou civiles) (loi du
29 juin 1872, art. 1).

C'est évidemment dans le fait de la répartition en
France de ces bénéfices que réside le critérium d'application de la loi, mais les revenus distribués par des
sociétés étrangères y sont néanmoins soumis en principe (art. 4 de la loi de 1872) (1), et cela sans faire de
distinction entre les actions et les obligations ou titres
d'emprunts

Pour assurer le stricte recouvrement de l'impôt en ce
qui les concerne, ces sociétés sont assujetties à l'obligation de l'abonnement garanti par un représentant
responsable. On peut se douter que les pouvoirs dont
dispose le fisc sont insuffisants à l'égard des sociétés
étrangères.

Sans doute l'impôt de 4 0/0 ne frappe (d'après le § 2
de l'art. 4 de la loi du 29 juin 1872) que les titres
étrangers cotés, négociés, exposés en vente ou émis en
France. A l'heure actuelle ceux-ci échappent donc à
l'impôt dans deux hypothèses : tout d'abord lorsque la
somme globale représentée par les titres circulant en
France est supérieure à celle estimée au moment de
l'admission de ces valeurs sur le marché français. Ensuite lorsque cette admission à la cote officielle n'a pas

_____

1. Voir : Arrêt de la Cour de cassation, req. 10 fév. 1903, D. P.
1903, I. 417

été prononcée pour des raisons politiques ou parce que les sociétés envisagées ne présentent pas des garanties suffisantes. C'est assurément là une grosse lacune de la législation française. D'ailleurs, à supposer qu'elle soit dans l'avenir réparée, il n'en resterait pas moins que la Régie connaîtrait difficilement les revenus distribués par ces sociétés étrangères et ne pourrait percevoir l'impôt sur les bénéfices qu'elles distribuent. En effet nulle déclaration semblable à celle exigée des sociétés françaises (par actions principalement) ne saurait leur être imposée, encore moins le paiement de l'impôt par retenue sur le coupon.

D'ailleurs la mobilité particulière du titre au porteur permettrait aux capitalistes français possédant des valeurs mobilières étrangères d'échapper à l'impôt sur le revenu en les déposant dans des banques à l'étranger. On sait combien cette évasion fiscale est considérée comme particulièrement importante. Des ententes internationales pourraient seules assurer une plus juste application des dispositions de la loi, sans porter atteinte à la liberté des capitalistes.

Elles semblent au contraire de peu d'intérêt à l'égard des contributions qui frappent les immeubles. Le critérium de leur taxation réside dans le fait de leur situation en France, que leur propriétaire soit ou non Français (en vertu de l'art. 3 p. 2 du Code civil). La fraude est donc ici particulièrement aisée à découvrir et à poursuivre. L'existence du cadastre, le travail décennal de revision des propriétés bâties, les tournées préalables à la confection des rôles permettent à l'administration des contributions directes de fixer exactement l'ensemble des éléments assujettis.

Quant aux impôts établis sur l'exercice d'une profession ou d'une industrie, non seulement c'est le lieu de situation de la personne taxée qui détermine son incription au rôle des patentes, mais encore la base de l'impôt repose en partie sur la possession ou l'usage d'immeubles affectés à l'habitation personnelle, au commerce ou à l'industrie. On peut donc dire que le fisc est suffisamment armé pour assurer le fonctionnement normal de la loi.

Ici, comme dans le cas précédent, des ententes internationales ne sauraient accroître les renseignements dont il dispose.

Il en est tout différemment à l'égard de l'impôt sur les successions.

Si l'on étudie les chapitres que M. Lescœur lui consacre particulièrement dans son ouvrage (1), on voit qu'il distingue très nettement les fraudes pratiquées par les héritiers des procédés d'évasion employés par le *de cujus*, qu'il ne considère pas à proprement parler comme des fraudes fiscales.

1. *Pourquoi et comment on fraude le fisc*, chap. II, p. 68.

Dans l'état actuel de la législation comment faire grief au contribuable d'acquérir des immeubles à l'étranger ou de transformer ceux qu'il possède en France en valeur mobilières, de faire des dépôts avec procuration ou en compte-joint, de placer sa fortune au dehors, de louer des coffres-forts, de donner de la main à la main ? Sans doute l'emploi de ces procédés a souvent pour effet de soustraire une grande partie des fortunes aux exigences de l'administration de l'Enregistrement au moment de la mort de leurs possesseurs. Le pouvoir législatif doit en ce cas prendre les mesures que les circonstances semblent devoir lui commander pour assurer un plus complet recouvrement de l'impôt. Mais d'ici là le contribuable a parfaitement la faculté d'user de la liberté qui lui est laissée.

Par contre les dissimulations d'actif dans les déclaration exsigées des héritiers, qu'elles proviennent d'omissions ou d'insuffisances, les simulations de passif, l'inobservation des prescriptions imposées aux dépositaires de valeurs au porteur sont des fraudes proprement dites qu'il convient immédiatement de réprimer.

Telles sont du moins les conclusions auxquelles M. Lescœur semble aboutir. Elles sont peut être exagérées, en ce sens qu'il convient de considérer comme fraudes des hypothèses classées par lui comme de simples évasions fiscales.

Guérin   6

Il y a lieu de distinguer à nouveau les immeubles des meubles.

Pour les premiers, sans aucun doute, le lieu de leur situation fixe le régime auquel ils sont soumis, par conséquent des immeubles appartenant à des Français en pays étranger ne doivent pas entrer en ligne de compte dans le calcul des droits exigibles à la mort de leurs possesseurs, ceux-ci devant être perçus *a contrario*, quelle que soit la nationalité de leurs propriétaires, lors de toute transmission, s'ils sont en territoire français.

Pour les meubles on doit se placer à un autre point de vue. La loi de 1850 a assujetti en effet les fonds publics étrangers et les actions des sociétés étrangères à l'impôt de succession. Elle a été suivie de plusieurs autres ayant pour objet de faire rentrer toutes les valeurs étrangères dans les cadres de l'impôt. (Loi du 15 mai 1863, art. 11, loi du 23 août 1871, art. 3).

L'usage d'un dépôt avec procuration ou du compte-joint, le placement de valeurs mobilières à l'extérieur, la location de coffres-forts, ne font pas échapper les héritiers d'un *de cujus* français à l'obligation de payer les droits qui frappent les successions. Il y a donc fraude proprement dite et l'on conçoit fort bien qu'une entente internationale, qui déjà aurait une certaine utilité en faisant connaître des transmissions à cause de mort d'immeubles possédés en France par des étrangers, soit

d'autant plus nécessaire pour permettre à l'administration de l'Enregistrement de frapper des mutations par
décès de meubles *lato sensu*, qui sans elles auraient pu
échapper à la perspicacité des agents chargés de la taxation.

Quant aux droits de transmission entre vifs d'immeubles, meubles ou valeurs mobilières, il est évident
que les considérations précédentes les concernent sem-
blablement.

L'on voit ainsi que les impôts envisagés spécialement
au début de cette étude, c'est-à-dire les droits de mutation et les impôts sur les valeurs mobilières, sont précisément ceux à l'égard desquels il importe particulièrement en France de réprimer la fraude s'exerçant à
l'extérieur.

La convention de 1843 et celle de 1907, l'une un peu
vieillie, l'une trop restreinte ne répondent qu'imparfaitement à ce but.

Il serait cependant intéressant d'aboutir à une entente internationale conçue sur des bases plus larges,
permettant aux administrations fiscales de se prêter un
mutuel appui, entente qui, le jour où un impôt sur le
revenu viendrait à être établi en France, apporte une
garantie de plus à son juste recouvrement. Pour attein-
dre ce résultat, il faudrait que les autres pays s'engagent à fournir au fisc français tous les renseignements
que celui-ci se procure à l'intérieur des limites natio-

nales, soit par la déclaration des contribuables, soit par
le droit d'investigation légale que possèdent ses agents.

Pour permettre la pleine efficacité des lois établissant les droits de mutation à cause de mort par exemple, il faudrait que les pays étrangers, non seulement
avertissent l'administration de l'Enregistrement de l'ouverture de la succession, mais encore lui communiquent
la liste des biens qui en dépendent en se reconnaissant le droit de faire les mêmes recherches qui eus-
sent été faites si tous les biens du *de cujus* étaient
situés en France. Il faudrait en un mot que chaque administration se fasse l'auxiliaire de sa voisine.

Deux conditions devraient être dans ce but nécessairement remplies :

Tout d'abord il serait nécessaire que le problème de
la délimitation de l'impôt soit enfin résolu.

En outre les ententes internationales à conclure pour
la répression de la fraude fiscale devraient émaner de la
volonté des législateurs, qui seuls ont qualité pour
apporter des modifications aux lois en vigueur.

CONCLUSION

Par un respect étroit de leur liberté, les différents pays n'ayant pas encore consenti à limiter leurs pouvoirs en matière fiscale et ne paraissant pas disposés à déterminer d'une façon précise la base de l'impôt qu'ils perçoivent de manière à éviter le défaut des doubles impositions, que faut-il penser des Ententes Internationales conclues jusqu'à ce jour pour la répression de la fraude fiscale ?

Telle est la dernière question qui reste à se poser.

On a parlé de bluff à propos de négociations soi disant entamées avec la Belgique au sujet de valeurs mobilières et de leur contrôle international (1). Le mot est évidemment exagéré, d'autant plus que le but poursuivi par un ministre des Finances qui cherche à faire rendre à l'impôt le maximum possible, ne peut qu'être loué.

M. Lescœur a apprécié en ces termes les Conventions franco-belge et franco-anglaise. « Elles agissent surtout

1. Voir *Économiste français* du 17 août 1907.

semble-t-il, par l'effet d'intimidation qu'elles produi-
sent. Peut-être ceux qui les concluent ne comptent-ils
pas sur autre chose : des capitaux qui auraient franchi la
frontière, resteront chez nous, croyant qu'ils pourraient
être poursuivis à l'étranger. » En réalité les conventions envisagées ont par l'effet même de leurs dispositions une portée certaine, et l'on a pu sérieusement prétendre que le système mis en vigueur par l'Entente
franco-anglaise était « absolument prohibitif. C'est s'ex-
poser à se dépouiller dans la personne de ses héritiers.
Un capitaliste sérieux ne peut plus songer à déposer sa
fortune mobilière en Angleterre » (1).

Cependant le champ d'application des ententes conclues est très restreint. D'une part elles assurent le
recouvrement d'un nombre limité d'impôts, d'autre part
elles ne lient entre elles que de rares administrations
fiscales. C'est la plus grave de leurs lacunes. Quels
bénéfices peut-on espérer tirer en effet d'une entente
comme la Convention franco-anglaise, tant qu'elle ne
sera pas généralisée ? Sans doute les valeurs mobilières
possédées par un Français en Angleterre n'échapperont
pas à l'impôt de succession, mais par contre les contribuables ne s'exposeront pas à tomber sous le coup
des dispositions de l'Arrangement. Ils préféreront déposer leurs valeurs dans un pays que pertinemment une

1. Guelmard. *Evasion fiscale*, 1907, p. 7.

semblable entente ne lie pas avec la France ; et l'on conçoit ainsi la grande difficulté à laquelle se heurteront
dans l'avenir tous les gouvernements qui s'efforceront
de généraliser le système dont.les Conventions franco-
belge ou franco-anglaise sont un essai d'application.
Comme « il est acquis que l'argent tend toujours à
s'employer là où il est (1) » certains pays ne consentiront pas à se priver des effets bienfaisants que peut
entraîner la sécurité des dépôts faits dans leurs banques.
Une nation comme la Suisse, par exemple, se retran-
chera derrière des difficultés d'ordre intérieur pour ne
pas accepter de faire partie d'une entente fiscale internationale. Et tous les capitalistes profiteront de cette
exception à la généralité du système pour mettre leur
fortune à l'abri des investigations de l'administration de
l'Enregistrement. Très légitimement l'on peut aussi con-
cevoir des doutes sur la possibilité future d'ententes
pour la répression de la fraude fiscale.

Quant à celles en vigueur à l'époque actuelle, elles
exagèrent trop le défaut des doubles impositions pour
qu'on puisse les admettre sans discussion. Sans doute il
était intéressant et même utile de jeter les bases d'une
convention internationale qui permette un plus complet
recouvrement de l'impôt, mais il aurait fallu s'entendre
préalablement sur la question de la délimitation.

---

1. Guelmard. *Evasion fiscale*, p. 7.

La Convention du 12 août 1843 et celle du 15 novembre 1907 peuvent très utilement réprimer la fraude, elles n'en aboutissent pas moins à des injustices. On ne saurait trop le regretter puisqu'elles ont eu pour but d'assurer la stricte application de la loi.

ANNEXE I

ACCROISSEMENT CONTINU DES DÉPENSES EN FRANCE
DE 1893 A 1910

Années	Crédits ouverts par le budget primitif	Crédits fixés par les lois de règlement
1893	3.291.325	3.379.258
1894	3.368.902	3.407.433
1895	3.350.530	3.361.310
1896	3.321.038	3.371.115
1897	3.314.358	3.451.008
1898	3.359.679	3.451.195
1899	3.404.563	3.514.903
1900	3.476.809	3.673.857
1901	3.554.357	3.701.710
1902	3.602.333	3.699.327
1903	3.528.398	3.597.228
1904	3.565.290	3.638.527
1905	3.623.053	3.706.838
1906	3.709.192	3.852.009
1907	3.833.825	3.880.240
1908	3.910.283	4.101.543
		(situation provisoire)
1909	4.005.224	
1910	4.051.842	

ANNEXE II

Convention conclue à Lille, le 12 août 1843, pour régler les relations des administrations de l'enregistrement de France et de Belgique.

M. le ministre secrétaire d'Etat au département des finances du royaume de France et M. le ministre au département des finances du royaume de Belgique, désirant régulariser les relations officieuses qui se sont établies entre les employés de tous grades des deux royaumes, lesquelles ont pour objet la transmission des extraits d'enregistrement d'actes, de déclarations de mutations, de relevés de propriétaires et d'états de décès pouvant intéresser le Trésor public de l'un ou l'autre pays, ont nommé pour commissaires à cet effet, savoir :

M. le ministre des Finances de France, par décision du 7 juin 1843, M. Claude-Marie Vialla, chevalier de l'Ordre royal de la Légion d'honneur, directeur de l'enregistrement et des domaines du département du Nord résidant à Lille ;

Et M. le ministre des Finances de Belgique, par

dépêche du 12 juillet 1843 a désigné M. Jean-Henry-Joseph Dauby chevalier de l'Ordre de Léopold, inspecteur général de l'administration de l'enregistrement des domaines et forêts à Bruxelles.

Lesquels après avoir échangé leurs pouvoirs respectifs, trouvés en bonne et due forme sont convenus des articles suivants :

Article premier. — Il y aura, entre les receveurs de l'enregistrement et des domaines, échange de tous les documents et renseignements pouvant aider à la perception complète et régulière des droits établis par les lois qui régissent les deux pays ou se rattachant à des intérêts domaniaux leur afférant réciproquement.

Art. 2. — On renverra notamment :

1° Les copies des enregistrements des actes de vente, de promesses de vente valant vente, de donations, d'acceptations de donations, de licitations, de partages, de liquidations, d'échanges, de transactions, de procurations à l'effet de vendre, de baux et quittances de loyer d'immeubles et généralement de tous les contrats translatifs ou attributifs de propriété, d'usufruit ou de jouissance de biens immeubles situés, en tout ou en partie, dans l'étendue du royaume étranger à celui où le contrat a été reçu ou enregistré ;

2° Tous actes judiciaires ou extra-judiciaires contenant des cessions, rétrocessions ou résolutions de transmissions d'immeubles à titre onéreux ou gratuit, ou pouvant mettre sur la trace des mutations verbales ou sous seing privé d'immeubles placés dans les mêmes conditions de situation ;

3° Les contrats de mariage, lorsque les époux ou l'un d'eux sont nés ou domiciliés dans le royaume étranger à celui où le contrat a été reçu ou enregistré, ou lorsque les biens donnés ou constitués y sont situés soit en tout soit en partie. Les testaments enregistrés et ceux non enregistrés, ceux-ci relevés d'après les répertoires, lorsque l'acte a été enregistré ou passé dans l'un des deux royaumes et que le testateur habite l'autre royaume ou qu'il dispose de biens qui y sont situés ; enfin toute disposition éventuelle, ou tout acte soumis à l'événement du décès qui, passé ou enregistré dans un royaume, aurait pour objet des propriétés immobilières situées dans l'autre ;

4° Du côté de la France : les copies des déclarations de successions délaissées par les habitants du royaume de Belgique ou réputés tels par leur dernier domicile ou le siège principal de leur fortune et quel que soit le lieu où la succession s'est ouverte ;

Du côté de la Belgique : les extraits en ce qui concerne les immeubles situés en France, de toutes les déclarations de successions rappelant pour la déduction des charges, les biens possédés par la Belgique à l'étranger ;

5° Les extraits de notices de décès ou d'autres actes et

déclarations indicatifs du même évènement, lorsque le
défunt est mort dans un royaume ou que son décès y
aura été constaté, bien que survenu aux colonies ou à
l'étranger et qu'il avait son domicile dans l'autre royaume
ou lorsque, bien que domicilié dans le pays où il est décédé, il sera reconnu ou réputé avoir possédé, à l'époque de son décès, des propriétés mobilières ou immobilières dans l'étendue de l'autre pays ; les procurations
à l'effet de remettre des successions ouvertes dans le
pays diffèrent de celui où les actes ont été enregistrés ;

5o Les extraits des inventaires faits après décès dans
un royaume lorsque les actes indiqueront ou analyseront des titres de propriétés mobilières possédées par
le défunt dans l'étendue de l'autre royaume ;

7o Les ventes publiques des meubles, d'arbres et ré-
coltes après décès, lorsque ces ventes sont faites hors
du royaume de la situation des biens ;

8o Les actes constitutifs des rentes et créances lorsqu'elles sont payables ou que le créancier habite hors
du royaume de la passation des actes et ceux compor-
tant reconnaissance ou réalisation d'ouverture de crédits, passés hors du royaume du domicile des parties ;
les remboursements de rentes ou créances se rattachant à des successions ouvertes respectivement dans les
deux pays ;

9o Les inscriptions hypothécaires prises au profit d'un

dividus étrangers au pays où la formalité est requise, mais domiciliés dans l'autre Les radiations ou réductions des inscriptions susdites et les subrogations y relatives; outre les renseignements ordinaires les extraits d'inscriptions indiqueront la créance en capital et, en cas de constitution de rente, si elle est perpétuelle ou viagère. Les extraits des radiations et subrogations feront connaître la date et la nature des actes. Si elles sont opérées en vertu d'un jugement, il en sera fait mention.

Art. 3. — Pendant le premier semestre de 1844, seront en outre, respectivement transmis les extraits du sommaire de la contributionn foncière, renfermant l'indication de la nature, consistance, valeur en capital ou revenu cadastral, des propriétés appartenant à des habitants du pays voisin ou réputés tels par leur domicile.

A la fin de chacune des années suivantes il sera également fourni des relevés de mutations relatives aux propriétés désignées à l'article précédent ainsi que celles résultant d'acquisitions faites par d'autres habitants du pays voisin.

Les extraits et relevés expédiés avec les renvois, seront consignés sur un sommier ad hoc dans les bureaux dont dépend le lieu de domicile des propriétaires.

Lorsqu'un de ces propriétaires sera décédé, le receveur fera autant d'extraits de la notice de décès qu'il y aura de bureaux de situation des biens. Ces extraits, en marge desquels il sera fait mention sommaire de la consistance et situation des propriétés seront compris dans les envois à faire.

Art. 4. — Si des copies d'actes et titres sont réclamés, elles seront faites et certifiées sans frais, par les proposés du lieu où les contrats sont déposés.

Lorsqu'il sera nécessaire de faire délivrer par les notaires, greffiers ou autres officiers publics et ministériels, dépositaires des copies d'actes ou extraits de registres, les frais d'expédition à payer par les proposés requérants seront ceux ordinaires établis par les lois ou règlements du pays où se fera la délivrance.

Art. 5. — Tous les renvois énumérés à l'article 2 ainsi que les correspondances qu'ils pourraient occasionner seront adressés chaque mois et dans les formes établies par les proposés des deux royaumes aux directeurs de leurs départements et provinces respectifs qui les feront parvenir à l'administration centrale à Paris et à Bruxelles.

Les lettres et paquets concernant ce service et dont le poids ne pourra, en aucun cas, excéder 5 kilogrammes jouiront de la franchise du port, pourvu qu'ils soient sous bandes croisées, revêtus du cachet de l'une des deux administrations centrales avec la suscription portant « Service public. — Exécution de la convention du 12 août 1843 ».

Art. 6. — La première transmission des renvois aura lieu au mois de mars 1844 pour le mois de janvier de la même année. Elle comprendra, en outre, les renvois des cinq années précédentes qui n'auraient pas été faits.

Art. 7. — La répartition des renvois ainsi reçus par chaque administration et les mesures de détail qui en sont la conséquence seront réglées au moyen d'instructions spéciales.

Art. 8. — La présente convention pourra d'un commun accord recevoir les additions et les modifications dont l'utilité se serait manifestée.

Art. 9. — La présente convention n'aura un caractère définitif et ne sera exécutoire qu'après l'approbation des deux gouvernements respectifs.

En foi de quoi les mandataires ont signé les présentes faites en double original à Lille le 12 août 1843. (Suivent les signatures)

VIALLA, DAUBY.

Le texte de cette convention rapporté par De Clercq *Recueil des traités de la France*, tome V, page 105 est suivi du commentaire suivant : « Cet arrangement n'a pas été l'objet d'une ratification formelle. Par dépêche du 27 février 1844. M. le marquis de Romigny. ambassadeur de France en Belgique, fit connaître au cabinet de Bruxelles, que moyennant deux changements de

pure forme à l'article 5, le gouvernement français don-
nait son adhésion à l'accord conclu à Lille et en assure-
rait la mise en vigueur dans les délais prévus par l'article 6. Les changements ayant été acceptés du côté de la
Belgique, le texte de l'article 5 fut remanié et définitivement rédigé tel qu'il figure plus haut, puis par dépêche du 5 avril, M. le ministre des Finances de Belgique
fit connaître à M. le marquis de Rumigny que des
ordres allaient être donnés pour la mise en exécution
de la convention du 12 août 1843, par l'administration
compétente »,

ANNEXE III

Instruction relative à la transmission réciproque des pièces et documents qui intéressent le service de l'enregistrement et des domaines en France et en Belgique.

Du 26 Août 1844 (n° 1716.)

Une convention signée le 12 août 1843 à Lille par des commissaires français et belges, et approuvée par les deux Gouvernements, contient les dispositions suivantes :

(Suit le texte de la Convention du 12 août 1843)

Cette convention a pour objet d'établir des communications officielles et régulières entre les préposés de l'enregistrement et des domaines de France et de Belgique, dans l'intérêt de leur service respectif. L'article 1 constate cette commune intention des deux gouvernements ; les communications porteront sur tous actes, documents et renseignements qui pourront servir soit à la perception et au recouvrement des droits d'enregistrement soit à la conservation et à la défense des intérêts domaniaux des deux pays.

L'article 2 de la Convention contient la nomenclature

des actes et documents dont les recevours français et belges devront réciproquement se faire le renvoi par extraits. Les extraits seront faits sur les cadres et selon le mode usité pour les renvois entre préposés français.

Il convient de remarquer que la nomenclature des actes et documents sujets à renvoi est simplement énonciative, et non limitative ; le renvoi devra être fait dans tout les cas, prévus et non prévus, où la communication par extrait sera jugée utile.

Mais, pour que l'utilité du renvoi puisse être appréciée par les préposés, il importe qu'ils connaissent les points de similitude et de divergence entre la loi belge et la législation française en matière d'enregistrement.

En Belgique, comme en France, les actes portant transmission, à titres onéreux ou gratuit, de biens situés à l'étranger, ne sont sujets qu'au droit fixe. Le droit proportionnel est exigible dans le pays de la situation des biens où l'acte de mutation doit être enregistré dans les délais déterminés par l'article 22 de la loi du 22 frimaire an VII. Les préposés de chacun des deux pays ont donc intérêt à connaître les actes de cette nature, qui ont été passés dans l'autre, afin de poursuivre, s'il y a lieu, le recouvrement des droits simples et en sus d'enregistrement. Sous ce rapport on doit faire entrer parmi les actes translatifs de propriété les partages qui comprennent des immeubles situés dans les deux royaumes, et qui, lors même qu'ils sont faits sans stipulation do soulte, peuvent donner lieu au droit de mutation, aux termes des arrêts de la Cour de Cassation du 14 novembre 1838, 8 décembre 1840 et 12 décembre 1843. (Instructions n° 1634 paragraphe 2 et n° 1710 paragraphe 3.)

En ce qui concerne les droits de succession, la législation belge distingue la succession d'un habitant du royaume de celle d'un étranger. Dans le premier cas, la déclaration des héritiers doit comprendre l'universalité active de la succession, quel que soit le lieu de la situation des biens ou de l'exigibilité des créances ; il est fait distraction des charges et l'impôt se perçoit sur le restant net. Dans le second cas, les immeubles situés en Belgique sont les seuls qui soient soumis au droit de mutation, mais les charges ne sont point distraites de la valeur des biens.

De ces dispositions de la loi belge, il résulte que les préposés de l'enregistrement dans ce pays ont besoin de connaître non seulement les actes enregistrés en France et qui se rapportent à des biens situés en Belgique, mais encore ceux qui ont pour objet des propriétés mobilières ou immobilières possédées en France par un habitant du royaume belge. C'est par le même motif que l'article 2, n° 4 de la convention, impose aux préposés français l'obligation de transmettre aux préposés belges les copies des déclarations de successions délaissées par les habitants du royaume de Belgique ou répu-

tés tels par leur dernier domicile ou le siège principal
do leur fortune. Les déclarations serviront à contrôler
celles que les héritiers doivent passer en Belgique, même
pour les biens de France.

Par réciprocité, les préposés belges feront le renvoi
des déclarations de successions rappelant, pour la déduction des charges, les biens possédés par des Belges en
France; mais les déclarations ne seront fournies que par
extraits en ce qui concerne ces derniers biens.

Les conservateurs des hypothèques fixeront leur
attention sur la disposition de l'article 2, n° 9, relative
aux inscriptions, radiations ou réductions d'inscriptions et subrogations; ils auront soin de donner dans les
extraits les renseignements indiqués par la convention.

L'article 3 s'occupe spécialement de la transmission
réciproque des extraits du sommier de la contribution
foncière et des états de mutations concernant des propriétés qui appartiennent à des habitants du pays voisin ou réputés tels par leur domicile. Au moyen de ces
documents, le receveur belge, prévenu que tel habitant
du même pays est propriétaire d'immeubles en France,
pourra, lorsque celui-ci viendra à décéder, envoyer la
notice du décès au receveur de la situation des biens;
et réciproquement, le receveur français fera un renvoi
semblable, lors du décès d'un Français ou d'un Belge
résidant en France, qu'il saura posséder des immeubles
en Belgique. En marge de la notice de décès, qui, dans

ce dernier cas, devra être transmise au receveur belge,
il sera fait mention sommaire de la consistance et de la
situation des biens que le receveur français connaîtra
par les extraits du sommier de la contribution foncière
et des états de mutations envoyés de Belgique. Si les
biens se trouvaient situés dans l'étendue de plusieurs
bureaux, il y aurait lieu d'adresser autant de notices de
décès qu'il y aurait de bureaux de situation.

Les extraits du sommier de la contribution et des états
de mutations que les receveurs français auront à transmettre, en exécution de l'article 3 seront portés sur des
feuilles de renvoi. Les mêmes préposés consigneront à
la suite du sommier de la contribution foncière de leur
bureau et sur des feuilles réservées à cet effet, les extraits
semblables qui leur seront adressés pour des biens possédés en Belgique par des individus habitant la France.
Dans le cas ou ces propriétaires changeraient de domicile en France, le receveur en ferait mention sur son
sommier ; il renverrait au receveur de la nouvelle rési-
dence du propriétaire les extraits fournis par le receveur belge et donnerait à celui-ci avis du changement.

D'après la disposition générale de l'article 1er de la
convention, les préposés des deux pays sont autori-
sés à se demander réciproquement des copies ou expéditions d'actes et de titres. Aux termes de l'article 5,
les copies seront certifiées par le receveur des biens
ou les titres seront déposés, et délivrées sans frais ;

s'il s'agit d'expéditions en forme, les frais dus aux
notaires, greffiers, etc. seront avancés par lo receveur de ses deniers personnels ; le mode de rembourse-
ment sera ultérieurement arrêté entre les deux gouvernements. La signature de l'officier public qui aura
délivré l'expédition devra être légalisée suivant les formalités nécessaires pour lui conférer l'authenticité en
pays étranger.

Conformément à l'article 6 de la convention, les receveurs adresseront, chaque mois, au directeur du département, les renvois énumérés à l'article 2 et la correspondance à laquelle ceux-ci donneront occasion ; la
direction les transmettra à l'administration centrale qui
les fera parvenir à Bruxelles. La transmission des renvois aura lieu avec les formes prescrites par l'article 38
du règlement annexé à l'instruction n° 1318 et séparé-
ment des renvois ordinaires.

L'article 6 n'accorde la franchise du port que pour les
lettres et paquets que les deux administrations centrales s'adresseront réciproquement ; mais il a été arrêté
entre les deux gouvernements qu'en cas d'urgence les
receveurs et directeurs français et belges pourront cor-
respondre directement en affranchissant leurs lettres,
sauf à se faire rembourser des frais de port par leur
administration respective.

L'approbation de la convention ayant éprouvé des
retards, il est devenu impossible que la première trans-

mission des renvois et celle des extraits des sommiers de la contribution foncière aient lieu aux époques déterminées par les articles 3 et 6 : mais il convient qu'elles s'opèrent l'une et l'autre avant la fin de la présente année au plus tard.

Les dispositions de la convention du 12 août 1843 intéressent spécialement les préposés des départements limitrophes de la Belgique. Les directeurs de ces départements veilleront à ce qu'elles soient ponctuellement exécutées ; les employés supérieurs s'assureront que tous les enregistrements et renseignements susceptibles d'être renvoyés à l'administration belge ont été relevés ; ils feront connaître les résultats de cette vérification dans les rapports de gestion et les comptes rendus de leurs opérations.

ANNEXE IV

Décret du 13 décembre 1907

(*Journal officiel*, du 14 décembre 1907)

MINISTÈRE DES AFFAIRES ÉTRANGÈRES

Le Président de la République française,
Sur la proposition du Ministre des Affaires étrangères et du Ministre des Finances,

Décrète :

ARTICLE PREMIER

Un arrangement ayant été signé à Londres, le 15 novembre 1907, entre la France et le Royaume-Uni de la Grande-Bretagne et d'Irlande en vue d'empêcher autant que possible la fraude dans les cas de droits de succession et les ratifications de cet acte ayant été échangées à Londres le 9 décembre 1907, ledit arrangement dont la teneur suit recevra sa pleine et entière exécution.

Arrangement

Le Gouvernement de la République française et le Gouvernement de Sa Majesté Britannique, étant dési-

reux d'empêcher autant que possible la fraude dans
les cas de droits de succession, ont autorisé les sous-
signés à conclure l'arrangement qui suit :

Article premier. — Le Gouvernement britannique
s'engage à fournir, pour toutes personnes décédées dont
le domicile est en France, un extrait de l'affidavit contenant les noms, prénoms, domicile, date et lieu de décès
du *de cujus*, les renseignements touchant ses successeurs, et la consistance de l'hérédité en valeurs mobilières. Toutefois, l'extrait ne sera fourni que dans le
cas où le total de ces valeurs mobilières atteindra au
minimum 100 livres sterling.

Art. 2. — Le Gouvernement français s'engage à fournir, pour toutes personnes décédées dont le domicile
est dans le Royaume-Uni de Grande-Bretagne et d'Irlande, un extrait de la déclaration de mutation par
décès contenant les indications énumérées à l'article 1.
Toutefois, l'extrait ne sera fourni que dans le cas où le
total des valeurs mobilières déclarées atteindra au minimum 2.520 francs.

Art. 3. — Les extraits des affidavit et des déclarations de mutation seront certifiés par les préposés
chargés de recevoir ou d'enregistrer ces affidavit ou
déclarations.

Toutefois, lorsque l'un des deux gouvernements le
jugera nécessaire, ces extraits seront revêtus, sur sa
demande et sans frais, des certifications et légalisations

de signatures exigées par la procédure en usage dans son pays.

Art. 4. — Les extraits des affidavit et des déclarations reçus ou enregistrés pendant chaque trimestre, seront, dans les six semaines suivant l'expiration de ce trimestre, adressés directement par le Board of Inland Revenue à la Direction générale de l'Enregistrement, et réciproquement.

La correspondance relative auxdits extraits sera aussi échangée directement entre ces deux administrations centrales.

Art. 5. — Le présent arrangement sera ratifié et les ratifications en seront échangées à Londres dans le plus bref délai possible.

Art. 6. — Le premier envoi effectué concernera le trimestre du 1er janvier au 31 mars 1908.

Fait à Londres, en double exemplaire, le 15 novembre 1907.

Signé : PAUL CAMBON
E. GREY

ARTICLE 2

Le ministre des Affaires étrangères et le ministre des Finances sont chargés, chacun en ce qui le concerne, de l'exécution du présent décret.

Fait à Paris, le 13 décembre 1907.

A. FALLIÈRES

Par le Président de la République :
Le Ministre des Affaires étrangères
STEPHEN PICHON

Le Ministre des Finances
J. CAILLAUX

ANNEXE V

Instruction relative à l'exécution de l'arrangement conclu, le 15 novembre 1907, entre la France et le Royaume-Uni de la Grande-Bretagne et de l'Irlande pour la répression de la fraude en matière de droits de mutation par décès sur les valeurs mobilières.

DU 31 DÉCEMBRE 1907 (n° 3233)

Un arrangement a été conclu, le 15 novembre 1907, entre la France et le Royaume-Uni de la Grande-Bretagne et d'Irlande, en vue de réprimer la fraude à laquelle donne lieu, dans les deux pays, le paiement des droits exigibles sur les valeurs mobilières qui font l'objet d'une transmission par décès.

Cette convention a été sanctionnée par un décret du 13 décembre suivant (*Annexe*), publié au *Journal officiel* du lendemain.

Elle stipule (art. 2) que toute déclaration souscrite en France, après le décès d'une personne domiciliée dans le Royaume Uni de Grande-Bretagne et d'Irlande fera l'objet, mais seulement lorsqu'elle comprendra des valeurs mobilières s'élevant au moins à 2.520 francs, d'un extrait contenant :

1° Les nom, prénoms et domicile du défunt ;

2° La date et le lieu de son décès ;

3° Les renseignements relatifs aux héritiers, donataires ou légataires (noms, prénoms et domicile, la date du testament, le nom et l'adresse du notaire rédacteur ou dépositaire de cet acte) ;

4° La consistance de l'hérédité en valeurs mobilières, c'est-à-dire l'énumération détaillée et complète de ces valeurs, par nature, numéros et séries.

Ces extraits, d'ailleurs, ne constitueront pas dans une indication analytique des énonciations de la déclaration de succession, mais seront une copie littérale et fidèle de cette déclaration *parte in quâ*.

Les receveurs les établiront sur des formules ordinaires de renvois et les adresseront, dans la même forme et à la même date que les renvois ordinaires du mois, au directeur (Instruction n° 2320, § 2). Celui-ci les transmettra selon le mode adopté pour les renvois destinés à la Belgique et aux Colonies (même Instruction) à la Direction générale (Bureau central), qui fera parvenir directement, dans les six premières semaines de chaque trimestre, au Board of Inland Revenue ceux qu'elle aura reçus au cours du trimestre précédent (article 4, 1er alinéa).

De son côté, le Board of Inland Revenue expédiera,

dans les mêmes délais, à la Direction générale, des extraits de toutes les déclarations de successions, ou affidavit souscrits dans toute l'étendue du Royaume-Un de Grande-Bretagne et de l'Irlande, qui concerneront des personnes domiciliées en France et énonceront des valeurs mobilières pour un capital d'au moins 100 livres sterling.

Ces extraits devront contenir les mêmes indications que ceux fournis par l'Administration française (article 1er).

La Direction générale les repartira, accompagnés d'une traduction, entre les directeurs, chargés eux-mêmes de les transmettre, avec les renvois mensuels, aux bureaux dans le ressort desquels les personnes décédées avaient leur domicile.

Dès la réception, les receveurs rechercheront si les valeurs mobilières énumérées dans les extraits ont fait l'objet d'une déclaration de mutation par décès, et dans le cas de la négative, ils consigneront au sommier des découvertes un article destiné à assurer le recouvrement des droits dont ces valeurs sont passibles d'après notre législation fiscale.

Les documents échangés entre l'Administration britannique et l'Administration française seront certifiés, en Angleterre, par les agents chargés de recevoir les affidavit et, en France, par les receveurs (article 3, 1er alinéa).

Mais si une instance venait à s'engager entre l'Administration et les redevables au sujet des droits exigibles, les extraits d'affidavit devraient, en outre, avant toute production en justice, être revêtus, par nos agents diplomatiques ou consulaires en Angleterre, des légalisations et certifications de signatures, destinées à en garantir l'authenticité.

Ils seraient, dans ce cas renvoyés à la direction générale, qui en provoquerait la régularisation.

Les mêmes formalités pourraient, du reste, être requises par le gouvernement anglais en ce qui concerne les extraits émanés de receveurs français.

En toute hypothèse, du reste, les légalisations et certifications dont il s'agit devraient être accomplies sans frais (art. 3, alinéa 2).

La correspondance relative aux extraits sera échangée directement entre le Board of Inland Revenue et la Direction générale (art. 4, alinéa 2).

Enfin, d'après l'article 6 de la convention, le premier envoi d'extraits s'appliquera au trimestre qui s'écoulera du 1er janvier au 31 mars 1908. Les receveurs seront tenus, en conséquence, de faire le renvoi de toutes les déclarations spécifiées à l'article 2, qu'ils recevront à partir du 1er janvier prochain.

Ils ne perdront pas de vue que les documents qu'ils auront à créer devant être utilisés en pays étranger, il importe d'en faciliter la traduction en évitant toute espèce d'abréviation de mots et en apportant le plus grand soin à la forme matérielle de la copie. Les directeurs veilleront, du reste, à l'exécution de ces prescriptions et exigeront de nouveaux extraits lorsque les premiers ne leur paraîtront pas suffisamment lisibles.

Ces chefs de service devront, en outre, adresser à la direction générale (bureau central) dans le courant du mois de janvier 1909, un rapport faisant connaître les résultats de l'application de l'arrangement du 15 novembre 1907 dans leur département et les observations qu'ils auraient à présenter au sujet des modifications qu'il conviendrait d'apporter aux mesures concertées entre les deux États.

Le Directeur général de l'Enregistrement,
des Domaines et du Timbre,

PIERRE MARRAUD

Guérin   8

BIBLIOGRAPHIE

Leroy-Beaulieu. — Traité de la science des finances, Paris 1906, 7ᵉ éd.

Stourm. — Systèmes généraux d'impôts, 2ᵉ éd., 1905.

Lescœur (Ch.). — Pourquoi et comment on fraude le fisc, 4ᵉ éd., 1909.

Guilmard. — L'évasion fiscale, 5ᵉ éd., 1907.

Economiste français (1907, 1908).

Revue de Droit International privé et de Droit pénal International (M. Wahl, 1908, p. 59).

Nouvelle revue pratique de Droit International privé.

Revue économique et financière.

Annuaire de législation française.

Bulletin de statistique et législation.

Annuaire de l'Institut de Droit International.

de Clercq. — Recueil des traités internationaux.

Garcia de la Vega. — Recueil des traités et conventions concernant la Belgique.

Répertoire périodique de l'enregistrement.

Journal Officiel et Documents parlementaires.

TABLE DES MATIÈRES

TABLE DES ANNEXES

Imp. de la librairie V. Giard et E. Brière, 16, rue Soufflot, Paris

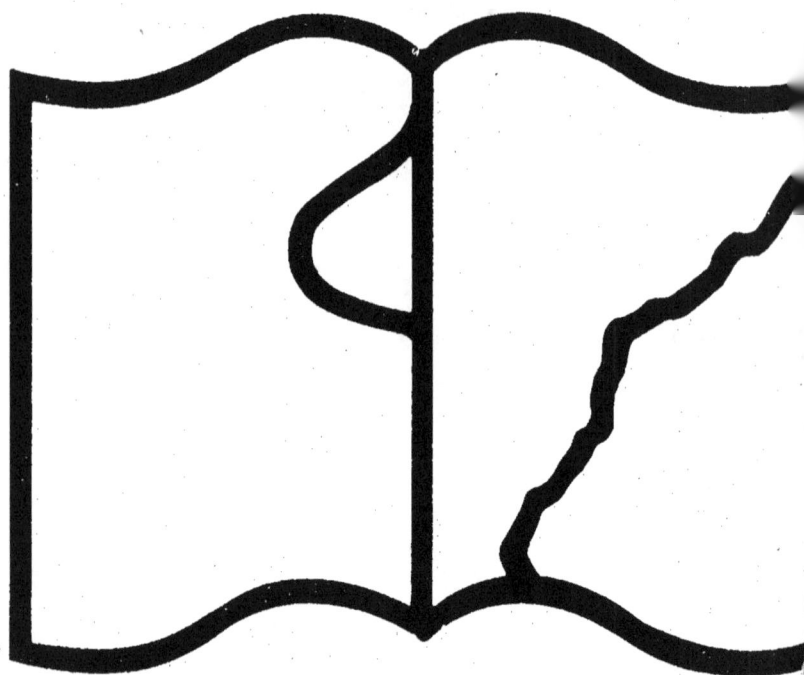

Texte détérioré — reliure défectueuse

NF Z 43-120-11